謝謝你

あなたにありがとう。

松浦弥太郎
MATSUURA YATARO

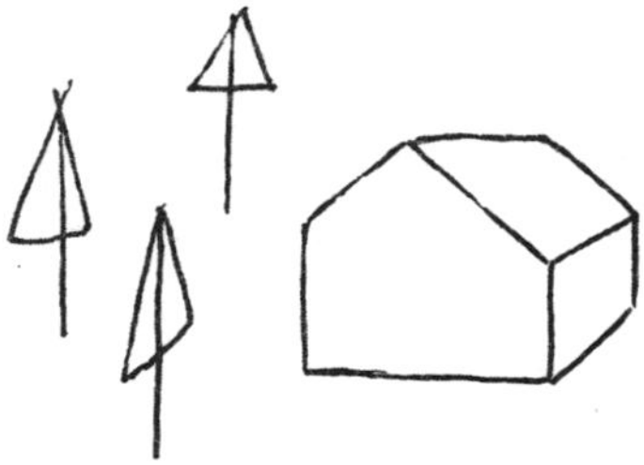

謝謝你。台灣版序

交朋友的能力。

去過許多國家旅行之後，現在不禁覺得，只要有交朋友的能力不管走到哪裡都可以活下去。這麼說或許誇張了一點，但試著回想現在和過去，當你發生了什麼事，伸出援手的總是人，是朋友。旅行的經驗愈多，便愈容易遇到令自己親身感受到人無法一個人活下去的機緣。

交朋友的力量，那是什麼樣的力量呢？

我覺得那大概就是找出別人優點的力量吧。不管是什麼樣的人都會有一、兩個優點。充分去愛對方的優點，或許這就是友誼關係吧。每天見面，每天尋找對方的優點去愛他，這麼一來，自己和對方之間自然而然便能萌生友情。但擁有找出對方優點的能力，自然也有看見對方缺點的能力。至於要拿對方的缺點怎麼辦，我想應該是去接受對方的缺點，甚至要比優點更加喜愛。在某種意義上，愛與原諒是相輔相承的關係。此外，在友誼關係裡也不要把錢看成是最重要的事。我想這兩件事就是基本條件。

優點是一個人的個性，也是魅力所在，可以帶給人或大或小的感動。感動是會表現於外的情感，所以雙方自然而然能夠產生交流。光是一個表情，人便能交流溝通。人們就是因此能夠打開心防，邁向友誼之路的吧。

交朋友時重要的是要盡量把自己的感動，以動作和話語表現出來。「真好吃」、「真好玩」、「好棒」、「真漂亮」、「最喜歡了」，總是真誠地把感情表現出來。如果繃著一張臉，就算禮貌再周到也交不到朋友的。人在外國更是如此。別人對自己表示關心，沒有人會覺得不高興。所以要一直看著對方，觀察著，持續地付出關心。

朋友不是只要認識就好，友情還必須去經營，延續。並且，隨時抱著說「謝謝」的感謝心情。

在我二十年前寫下的筆記裡有這樣的句子，在這裡鼓起勇氣寫下來和大家分享。「稱讚，讚揚，認同」、「幫助人，讓人開心」、「尊敬對方，然後給予意見」、

「從坐享其成的心態跳脫出來」、「正直親切」、「相信自己的心和眼睛所見，討厭的事就說討厭」、「當個勤勞的人」，以及「謝謝你」。

如果那些不知如何在生活中或職場上交朋友的年輕人、或對人際溝通感到困惑的年輕人願意閱讀本書，那就太令人高興了。

あなたにありがとう。台湾の皆さんへ

友だちをつくるちから。

いろいろな国を旅してきて、今となって思うのは、友だちをつくるちからさえあれば、どこでもなんとか生きていけると思う。それは少し大げさな言い方かもしれないけれど、何かあって助けてくれるのはいつも人であり、友だちであると今も過去も振り返ってみてそう思うのだ。旅をすればするほど、人は独りでは生きていけないと実感する出会いがある。

友だちをつくるちからとは、どんなちからであろうか。

それはいいところを見つけるちからだろうと僕は思う。どんな人にもいいところは、ひとつやふたつはある。そのいいところを存分に愛することが、友だち関係ではないだろうか。毎日会えば、毎日その人のいいところを見つけて愛してあげる。そうすれば、自分とその人には自然と友情が芽生えるであろう。

いいところを見つけるちからがあるということは、よくないところも見つけるちからがあるということである。そのよくないところについてどうするかというと、よくないところは受け入れ、いいところよりもさらに愛すること。ある意味それは持ちつ持たれつの関係である。愛することと許すこと。そしてまた、友だち関係においては、お金が一番大事だと思わないこと。この二つが基本であろうと思う。

いいところというのは、個性であり魅力であるから、人に大なり小なり感動を与えるものである。感動は表に出るものであるから、自然とコミュニケーションが生まれる。表情ひとつでもコミュニケーションになる。そうやって人は心を開いて、友だちへの道を歩むだろう。

友だちつくりに大切なのは、感動を、出来る限り仕草や言葉にすることである。「おいしい」「おもしろい」「すばらしい」「きれい」「大好き」というような感情をいつも素直に表すことである。むっつりしてお行儀良くしていても友だちはできない。外国であればなおさらである。関心を持たれて嬉しくない人などいないのである。いつも相手を見て、見て、見続けることである。友だちとは、つくるだけではない。育てるものであり、続けるものである。そして、ありがとう、と、いつも感謝することである。

僕の二十年前のノートにこんな言葉が書き綴ってあった。恥を忍んで書いてみる。「ほめる、たたえる、みとめる」「たすける、喜ばせる」「敬い、そして意見する」「他力本願から抜け出よう」「正直親切」「自分の心や目で見たものを信じること。いやなことはいやとする」「はたらきものになろう」そして、「あなたにありがとう」。

本書を、暮らしや職場において、友だち作りやコミュニケーションに悩む若い人に読んでもらえたら嬉しい。

松浦弥太郎

前言——發現優點的練習

「如果想吃美味的蕎麥麵，就去那家店。」

「現在在讀的覺得有趣的書，是這一本。」

在情報泛濫的時代，我們不再以自己的感覺決定，而是容易在無意中選擇其他人選擇的事物。

雖然失敗和期待落空的情況因此變少了，卻是一件非常寂寞的事。

原因在於如果把選擇「別人選擇的東西」這件事視為理所當然，我們便會在不知不覺中失去自己的個性。

與人展開真正的交往，關係應該是確立在以自己的眼光選擇對象，而對方也確實選擇了自己吧。

「如果你想交朋友，我推薦這個人。他人非常好喔。」

其實無須這種小道消息，人與人自然就能成為朋友。

「你怎麼會跟那種人來往呢？他不是有點怪嗎？」

即使有人如此說長道短，但如果對象是自己的朋友，是戀人，或是生涯的伴侶，那我認為「自己覺得好就是好」。

不管是朋友，是戀人，還是工作合作對象，選擇要與誰交往時，絕不能計較利害得失。

「和這個人來往的話，既能填補寂寞，又有人脈，好處很多。」

抱著這種期待與人來往，我想並不正確。

不管是什麼事情，要以自己的能力做出選擇，決定什麼才是「最好的做法」。

這也是種應該提起勇氣，以真摯的態度來面對的挑戰。

如果不去挑戰，交往只憑順其自然，與人的關係便會開始歪曲。我想不圓滑的人際關係，問題的根本或許大都是出在計較利害得失吧。

你還記得小時候第一次交到朋友時的心情嗎？

「和他在一起，好好玩，很開心。」

「他好可愛，很有趣，很溫柔。」

如果要把當時的感受化作語言，我頂多只有這種程度的印象。我想當時也許是以全身來感受，以無法化作語言、更接近動物的直覺，來判別出對方的優點吧。

我想，從現在開始，我們應該去找回這種質樸的感受力。如果小時候那種與人聯繫的纖細觸角已經縮得皺巴巴的，那就仔細地去舒展開來，慢慢地去修理，再試著使用看看如何呢？

交朋友的力量，也就是去發現對方優點的力量。不管對方是什麼樣的人，都去找出他身上光芒璀璨的寶物。這種發現優點的力量，如果不拚命練習，每天嘗試，就無法順利長進。

不僅限於交友，這本書也是在生活中與人相處時的備忘錄。

太過靠近不會順利，但太過疏遠也無法順利。我寫下了如何去調整因為一點小事便會歪曲的人際關係的訣竅。無論是多麼微小的機緣，去珍惜讓今天與明日更加燦爛的每一個邂逅，去好好珍惜人與人之間的緣分吧。

CONTENTS

目　録

CHAPTER ONE

1

與人產生連結這件事

開始，總是起於自己

CHAPTER TWO

2

持續下去這件事

找到剛剛好的距離

CHAPTER THREE

3

不順利的時候

重要的是回頭的勇氣

CHAPTER FOUR

4

增進感情這件事

慢慢花時間守護

CHAPTER ONE

1

與人產生連結這件事

開始，總是起於自己

傳達愛情

針對人際關係思考的時候，腦中浮現三個詞。

栽培。

守護。

持續。

我認為與人交往就是「栽培、守護、持續」這三個行為。

人與人的緣分，總是突如其來。

偶然的邂逅變成不可或缺的關係。我想許多人都經驗過這小小的奇蹟吧。

像是你的朋友或戀人，這些你人生中不可少的存在，一開始可能都是因為某個小小的契機才變得親近。從許多人當中特定選出一人，決定「我要跟這個人交好」，這種例子我想很少見。

在家人裡，能夠以自己的意志決定「我要選這個人當家人」的，頂多也只有配偶。在靈魂的階段，我一直認為自己是自己選擇父母出生的，而且我認為自己生下來的孩子一定也是如此，只不過這是不涉及人的意識的範圍。但彼此之所以能成為家人，或多或少都有因著不可思議的緣分與命定而聚集的要素。

不過將人的意志無法涉及、由某種偉大力量所決定的「邂逅」，轉變成自己周圍的人際關係的，並不是奇蹟，而是本人自身的力量。

「栽培、守護、持續。」

我覺得每個人都不懈怠地在進行這些行為，不，或該說這些是非做不可的事情吧。

在所有的人際關係裡頭，溝通的重要性和必要性都被高聲呼籲。然而，溝通的目的是什麼呢？

是將雙方想傳達的事確實地表達出來嗎？

還是去關懷對方，替對方操心？

抑或大家各自宣揚自己的主張？

為了不流於互相縱容，老實將自己的心情化作語言？

雖然看似有許多見解，但我想事情或許意外的單純。溝通的目的，不就是向對方表達自己的親愛之情嗎？

這不僅限於男女的戀愛關係。畢竟不管對象是家人朋友，還是同事，沒有一種關係是在不互相表示關愛的情況下成立的。

無論是面對事物，或者是面對大自然，不表示親愛之情就無法與之建立關係。

舉例來說，不小心打破了盤子，原因是出在自己的愛情不足。

如果對盤子有滿滿的愛，就會注意，珍惜，小心不打破，細心清洗。

盤子不是無緣無故就「破掉」，而是你自己「打破」的。不是因為你手滑，而是因為你自己愛情不足以致粗魯對待，結果把盤子「弄壞了」。

同樣的，人際關係不順利，或是原本視若珍寶的羈絆即將分崩離析，大部分的原因都是出在某一方的愛情不夠。

「那起糾紛是因為我的愛情不夠才導致的」，反省一直以來的自己，我屢屢痛苦地體認到這便是問題的癥結。

「我是否傳達了自己的愛情呢？」

停下腳步思考這個問題，與經營人際關係的三個行為「栽培、守護、持續」息息相關。

人基本上是孤獨的，必須靠自己的力量走過人生。可是我也親身感受到，不管再怎麼要求自己，靠「自力」可以達成的事情依舊有限，很多事必須仰賴「他力」來實現。

他力，來自於眼前的對象、周圍的人們，以及社會。所以，對自己以外的人，

我們應該付出更多敬意與尊重。

要做到這件事，首先就要自己主動去傳達親愛之情。毫不吝惜的，不裝腔作勢的。不管是去栽培，去守護或持續，我認為愛情都是首要的出發點。

○溝通的目的是向對方傳達自己的愛情。

○對自己以外的人給予更多的敬意與尊重吧。

不等待

站在斑馬線前面，發現朋友剛好在對面，等綠燈亮了，兩人都會邁出腳步，也許在過馬路途中朋友也會注意到我。

「你好。」

「最近好嗎？」

對方可能會先出聲向我打招呼。

也可能不是某一方先開口，雙方自然而然互相打招呼。

但是即使如此，我還是想在燈號還沒變換之前先開口。即使還是紅燈，即使朋友還沒注意到我，我還是想大聲地喊道：「你好啊！」就算引起周圍的人群側目，我還是想精神飽滿地打招呼。

要過馬路得等到綠燈亮，但是在與人交往的情況，我一直相信根本不需要「稍

微等一下」。

和初次見面的對象開會，或是面對有點緊張的對象，雙方總是互相刺探著對方的反應。不過，良好的關係是孕育自輕鬆的狀態。讓對方安心，不使對方緊張，和舉措禮貌比起來，我想這是更重要的禮節吧。

第一印象尤其重要。第一次見面時的態度和氣氛，會大大地影響到雙方今後會建立什麼樣的關係。

像是現在那些珍惜交往的朋友，我也忘不了和他們第一次見面的情形。雙方率直地敞開心門，互相傳達「很高興見到你」的心情，由此展開彼此深刻的緣分。

所以，我不會等待。總是盡可能主動卸下心防。

將「很高興見到你」的心情立刻表現出來，坦率地努力將「最喜歡你」的心意傳達給對方。

這麼一來，對方也會敞開心門。「今後，我們應該可以建立良好的關係啊」，這種教人開心不已的預感在兩人之間微微洋溢著。

不要一味觀察對方的反應，等待對方先釋出好感，而是自己先下手。光靠表情和態度，便能傳達很多事。

和憧憬已久的海外書店經營者或藝術家、作家見面的時候，我也會做同樣的事。「能見到你，我真的很高興」，積極傳達自己的心意，並因此得以打破語言的障壁，和對方交上朋友。這種經驗我有過好幾回。

舉個對工作有幫助的簡單例子，如果是在天氣很熱的日子，就自己先脫掉外套吧。一旦你脫下外套，對方也能自在脫下。穿著外套顯得一本正經的人，襯衫可能是可愛的格子花紋，透過這些小地方可以稍微窺見對方的真面目。像是一個人的個性、獨特性。不僅限於襯衫，如果能對眼前的人的內在稍微有些認識，彼此都能放下心，容易建立關係。

即使是交往已久的朋友，必須深談嚴肅的話題時，也要從打開心裡的窗開始。

「此時此刻，眼前的這個人心裡的窗子是不是打開了一點呢？」

如果不先確認這一點，我認為就無法討論重要的事情。

往來客戶的申訴，公事上難以啟齒的話；或是在私生活要談嚴肅的事情都一樣。如果劈頭就說出嚴厲的話，會對對方會造成相當的負擔，是極不體貼的行為。這麼一來，就連原本可以順利解決的事也可能因此觸礁。當然，如果雙方一直在打探「對方的窗子是不是打開了呢？」，這也是一件很累人的事。

像這種時候，我也不會一味等待對方的緊張自然抒解。首先，我會自己先放輕鬆，讓對方知道我已經不緊張了，請對方也敞開心裡的窗子。

「不等待」這件事，換句話說，也就是「不被動」。

「跟這件事扯上關係，可能會被捲進糾紛裡」，即使是這種時候，我也希望自己隨時都有主動涉入的氣概。

「反正對方又沒有請我幫忙，我不出手也可以」，像這種畏畏縮縮的做法，我決定要徹底捨棄。

不管是在家庭中，是友情關係，或是涉及公事，我都不等待別人出聲，而是自己主動發聲。

除非擁有這樣的勇氣，你才有機會遇到好的因緣邂逅。
才能和重要的人維持深刻的關係。
工作方面好機會也會降臨。
「不等待」，意即總是先出手，主動積極。
這需要一點勇氣，還不習慣的時候可能會猶豫或覺得羞恥，但有值得勇敢挑戰的價值。
不是等待某人向自己搭話，而是自己出聲。
不是等待對方改變，而是從自己開始轉變。
明天在斑馬線面前，不要等對方開口，自己大聲打招呼吧。令人快窒息的緊繃會議，就自己敞開心胸放輕鬆吧。在討論嚴肅話題的餐桌上，自己打開心中的窗子吧。

○與人交往，根本不需要「稍微等一下」。
○先自己放輕鬆，再請對方打開心中的窗子。

不讓對方等待

這件事搞不好比「喜歡」的心情更重要也不一定。
那就是信任對方，而對方也信任自己。
信賴是人與人之間的連繫不可或缺的東西。
因為人際關係很複雜，經常可能產生糾紛。一旦接連發生多起意想不到的事件，如果兩人的連結光靠「喜歡」的心情，彼此的關係很可能輕易就會崩毀。「喜歡」是種很自然，也很美麗的情感，可是若要說它是萬能的，我並不完全贊同。
「只要和彼此懷有好感的對象交往就行了。」
但這種世界並不存在。就算有，那一定也是個狹隘又無趣的世界吧。
再者，不管再怎麼喜歡彼此，當災難降臨之際，意見對立的時候，光靠「喜歡」的心情經常無法順利度過難關。
即使是跟自己不大一樣的對象，我會去認識一下。

想法和價值觀不同的對象，我也照樣來往。
因為這麼一來，我們便能夠因此成長，也有機會成為不一樣的自己吧。

「我會信賴什麼樣的人？」
試想這個問題，腦中浮現了兩個答案。
一是不逃避的人。
不管是公事還是私事，大事還是小事，生活中常會發生糾紛。但重要的不是有沒有發生問題，而是你怎麼去面對。我信任發生問題時絕不推卸責任的人。
敢說「這是我的錯」，勇於承擔失敗的人。犯下同樣的過錯也不會一蹶不振，而是抬起頭思考該如何對應的人。對於這種人，超越了喜歡或討厭的層次，我會信任他們。
所以，我總是在心中立志，期望自己是個不找藉口，不粉飾太平，不逃避的人。
相反地說，不從失敗和意外中逃走，也就是成為別人能夠信賴的人的最好方法。

我信賴的第二種人，就是不讓別人等待的人。

人際關係的基本就是守信。這是大原則，必須時時刻刻謹記在心。

即使如此，還是可能發生讓別人等待的情況。

像是自己接下的工作，雖然保證「沒問題，一星期後絕對交貨」，然而實際進行卻發現沒有想像中順利。或是因為突如其來的事件而打亂了計畫，這種情況時常會發生。

一直到最後一刻都努力「履行約定」，等到一星期之後卻說「辦不到」，這是沒有意義的。因為這麼一來你不只失信，也讓對方白白等了一個星期。而且如果你不確定什麼時候能夠完成，還會讓對方一直等下去。

就算對方只失信過一次，要信任這樣的人是很困難的一件事。

「沒問題吧，他該不會又遲交吧？」如果你讓對方如此擔心，根本不可能得到對方的信任。

相反地，如果在著手工作的第三天就跟對方報告實情，情況又是如何呢？

「對不起，進行起來比想像中困難，可能得再花一星期。」

像這樣在途中就向對方報告，對方也就不必苦等了。舉個簡單的例子，這就像和別人約十二點碰面，不過在十點的時候你跟對方說「很抱歉，請讓我將約會改到下午一點」，對方因此便不必枯等。

一起共同進行某件事情時，在中途就向對方報告工作狀況，如此一來，你總有一天能得到別人的信任。對方無須一一細問便能掌握狀況，想必能夠因此放心吧。

讓別人等待也就是讓對方處在搞不清楚狀況的狀態，使對方感到不安。在這層意義上，即使是要給家人或親近的人的一些關於小事的答覆，你也不該讓他們等待。

「這個星期天，要不要大家一起去哪裡走走？」

當被這麼問到的時候，你是否立刻就給出答案呢？

「要不要去看新上映的電影？」

朋友或同事平常的邀約，你是否只給曖昧的回覆？

「這個星期天嘛……」

不明確回答「ＹＥＳ」或「ＮＯ」，就是在讓對方等候。就算只是孩子的邀約，也不該讓對方枯等。

「好，去吧！」能這麼回答當然最好，但「最近工作很多，我很累，下次再出去玩吧」，當下就拒絕也是一種答案。

明確地說「ＮＯ」。「搞不好可以一起去哪裡走走呢。」比起讓對方抱有這種期待、讓對方枯等，我覺得明確拒絕的做法更加明智。

「要去看電影嗎？好像也不錯。要不要去呢？」老是做曖昧答覆的對象，別人想必也不會有想繼續邀約的意願。

如果老是讓別人等，別人對你的信任就會像手中的沙子一直從指縫滑落，你會逐漸失去親密的人的信賴。

清楚答覆，不找藉口。我覺得這和「不逃避」的行為背後有相通的意義。

不讓別人等，遇上危機不逃走的人。

我想當這樣子的人，也希望能和這樣子的人交朋友。

○不從失敗和意外中逃走，也就是成為別人能夠信賴的人的最好方法。

○不讓別人等。這也是隨時在為對方的時間著想。

保持最佳狀態

健康的管理是必要條件。

「工作的基本條件是什麼？」每當別人這麼問起，我總是這麼回答。「與人交往的基本條件是什麼？」如果有人這麼問，我也會給相同的答案。任何情況的必要條件，我認為首先都是要調整好自己的狀態。

如果身體不舒服，要和別人相處是件難事。既會造成對方的負擔，也可能會使對方產生不快的感受。「這個人是怎麼回事啊」，會犯下教人傻眼的失策，原因往往也是出在身體狀況。

在身體不適的時候，你無法考慮到其他人，也沒有體貼別人的餘力。所以無論如何都應該充分睡眠，規律用餐，保持健康的身體狀態。

此外還有件同樣重要的事，那就是保持儀容得體。不管是什麼場合都衣著整潔，這也是與人交往的必要條件。

最近重視服裝打扮的人增加了，幾乎很少看到做不得體打扮的人。因為既可以便宜買到品質好的衣服，民眾品味也普遍提升了。

但正因為如此，「身體本身」是否保養得當就成了重要的事。

像是頭髮。我覺得會仔細保養頭髮的人能夠信任，很有魅力。相反地，頭髮蓬亂、放著不修剪的人，便給人生活態度或工作行事也很隨便的印象。

特別是男性，有些人會頂著睡得亂翹的頭髮到工作現場，但如果是要以社會人的身分與人接觸，這麼做未免也太漫不經心了，不是嗎？

「亂翹的頭髮，正是○○可愛的地方。」

要別人如此好意設想，是很困難的事。尤其是成人之後，更是如此。

如果是女性，頭髮本來就是引人注目的地方。就算身穿再美麗的華服，如果頭髮亂七八糟的，那就一點都不美麗了，所以，這種事我想再怎麼小心注意都不為過。

和頭髮一樣，手漂亮的人也很有魅力。無論是男是女，指尖都是很顯眼的部位，如果對方伸出來的食指很髒，或是沾染上原子筆的墨水，總覺得很令人幻滅。
我認為手是否乾淨也關係到別人對你的信賴感和安心感，所以我自己一直很勤奮地在保養指尖和指甲。
不過我所說的「漂亮的手」，並不是指纖纖玉指。
在田裡工作的人，指縫間可能會有塵汙；工作與機器為伍的人，厚實的手掌可能油膩膩的。在旁人看來可能會覺得他們的手很髒，但手有沒有保養，一看即知。
我一個在餐廳工作的朋友，雖然是女孩子，雙手卻傷痕累累。由於她每天都過度操使雙手，手的皮膚自然也很粗糙。
但你能看得出她做事時很小心保護自己的手，而且事後也確實細心保養，所以她的手也是「美麗的手」。看到鞋匠為自己和生皮差不多粗厚的手掌細心抹上乳液的畫面，心頭也不禁湧上敬意。
就算罹患了異位性皮膚炎等皮膚病，只要那個人留心保養，不管他的手是什麼模樣，我都覺得很美麗。

衣服容易受個人喜好影響，審美觀因人而異，我心中的尺並不會去評斷這一點。但是從頭髮和手，可以判斷出對一個人而言什麼才是他生命中重要的事情，就像是一把可以用來量測對方生活方式的量尺。再說頭髮和手跟衣服不一樣，不能脫下更換，會自然地表現出自己的內在。

雖說要保養，但我認為沒有必要特別去裝飾。頭髮只要經常修剪，清洗乾淨。手只要修剪指甲，塗護手霜，偶爾按摩一下，我想就很足夠了。

我希望提醒女性的一點是，如果過度裝飾，反倒可能會失去了清潔感。頭髮也好，指甲也好，如果裝飾得太過頭，似乎反而會偏離了打理自己、保持自己外在整潔的本意。

○充分睡眠，規律用餐，保持健康。這是與人交往的必要條件。
○不管是什麼場合都保持衣著整潔吧。

不去評定別人

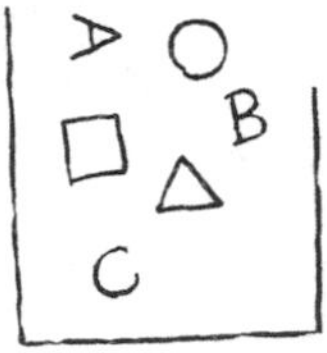

「那個〇〇啊，是這種人喔。」
「像這種類型的人，一定會〇〇的。」
像這樣子的判斷，我覺得捨棄比較好。
不持偏見。
捨棄刻板印象。

如果不讓自己的腦袋盡可能保持柔軟，就無法自由自在地與各式各樣的人來往。
一旦去做出評定，肩膀就會用力。而你的力氣也會傳達給對方，使對方警戒。如此一來，就會導致最壞的情況。你無法敞開心門，別人也不肯卸下心防。如此這般的邂逅，不是太可悲了一點嗎？
一開始就斷定對方是「那樣的人」，就像打開始就在小盒子裡打造綁手綁腳的人際關係。

知識可以成為自己的力量，但要是變得過分聰明，就會漸漸失去感受能力。
性別、年齡、職業、興趣、服裝打扮，居住地。
是否結了婚？有沒有工作？有沒有孩子？
光靠這些情報就能決定對方是什麼「類型」嗎？
就算和你「類型」不同，並不表示你們的想法就不一樣。就算同屬同一種社群，也不保證一定能合得來。或是，因為過去和某種職業的人打交道時有過不愉快的經驗，之後便認定從事同一種職業的人也會幹出同樣的行徑，這麼想真的好嗎？

我一直認為，那些用來把人分類的知識，根本就不需要。
我決定要相信自己看著那個人時親身的感覺。
事先去調查某人的風評，這種行為簡直沒有道理。謠言或從別人那裡聽來的閒話，如果可能也最好忘掉。
「今天見面的那個B，我的朋友A說是『很討厭的人』，所以他一定很討人厭吧。」
但這究竟是真確的嗎？

人與人的交往其實就像花紋複雜的壁毯，某些部分因為織線的顏色而顯得暗沉，有些地方卻又可能呈現令人驚豔的美麗深藍色。

A是自己重要的朋友，他可能沒有說謊。對A而言，B或許真的是個討厭的人。即使如此，對你而言B並不一定就是個討厭的人。

你和A感情很好，但同時你也可能和與A不合的B相處融洽。人際關係有時候會呈現不協調的花紋，但或許這正是有趣的地方。

相反地，最好也避免在一開始就抱持「這個人一定很棒」的先入之見。擅自抱著自己的想像與期待，以致期待過高，這對對方是很失禮的事，不過只是自己的一廂情願。

有些情況，雖然自己抱持開放的心境，但對方卻對自己懷有偏見，一開始就以否定的眼光看待自己。「反正他是〇〇嘛」，我也曾因工作等場合被人用否定的眼光看待。

不過，我並不會排斥那些對象，不管對方戴著什麼樣的有色眼鏡看我，我都秉持自己一貫的態度。我認為這是與人交往最好的方式。至少如果不這麼做，就無法善盡工作的責任。不管是工作，還是社區的集會，如果去一一排除那些與自己不合的對象，不就什麼事都辦不成了。

所以至少自己不要當個這樣的人，改掉挑選對象的毛病如何呢？

「和這個人親近。」

「和這個人保持距離。」

我不這樣替人分類，挑選交往對象，相反的，我讓自己站在「被挑選」的立場。「想和這個人交朋友」，為了能中選，我主動敞開心門。「想和這個人一起工作」，為了能中選，我持續努力提升自己。

我想有了這種決心之後，應該也沒有時間去入手偏見的材料了吧。

○用來把人分類的知識，根本就不需要。
○就算被人用有色眼鏡看待，也不要過度反應，秉持自己一貫的態度面對吧。

不支配他人

有句話叫「耳提面命」。

意思是叮囑提醒別人的意思，「你千萬要……」，但我覺得那根本只是「多此一舉」。

對約會曾經遲到的人說「小心不要遲到」。

對容易忘東忘西的人說「絕對不要忘了帶」。

在很多情況，緊迫盯人的一方是在無意識中試圖操控對方。

操控對方，使對方不要遲到。

操控對方，使對方不要忘了帶東西。

行為看起來正當，但其中潛藏了想支配他人的心情，這就是「耳提面命」這句話的可怕。

證據就是被「盯」的一方並不覺得好受。叮囑別人的話語，往往都是在指出對方的弱點或缺點。就算你是面帶笑容委婉地說，被說的一方心裡還是會覺得刺痛。

雖然還稱不上是「言語暴力」，但依然是以言語刺傷人的行為。就算痛感再小，被刺痛的對方會和你抱持距離。一旦距離拉開，要恢復到原來的近距離就很困難了。

又，當你一次又一次重複相同的提醒，對方只會覺得「很煩」而已。雖然你是為對方著想才說出口，但這份心意一點也沒有傳達出去。

「雖然這麼說，但我可是為了不讓他犯下同樣的錯才提醒他的喔。」有人可能會這麼反駁，但光是緊迫盯人嘮叨不停，就能改掉別人的弱點或壞習慣嗎？

對方會遲到，會忘東忘西，是因為平常愛情不足，心意無法傳達出去的緣故。在已經愛情不足的情況下，還做出刺傷別人的心的舉動，我覺得這只會造成反效果。

不僅限於耳提面命的情況，多嘴也是一種試圖支配對方的態度，所以最好要小心行事。

如果你開車的時候，坐在副駕駛座的朋友對你一一下達瑣碎的指示，你會怎麼樣呢？

「啊，接下來要右轉，直直開過這個紅綠燈。在紅綠燈前面要減速，對，對，那現在開快一點好嗎？」

如果是你熟知的路線自不用說，就算是你第一次開的路線，旁人這麼嘮叨你聽了一定會覺得煩躁吧。就算是駕駛新手，如果副駕駛座的人一直給太過瑣碎的指示，也可能會覺得「一點都不被信任」、「被當成工具利用」而感到氣憤不已吧。

開車有所謂的專家或老手，但是在人生這場旅程中，不管我們的年紀是大是小立場都相同。

就像你在駕駛你的人生這輛車，對方也開著他自己的車，以他的責任選路，決定奔馳的速度。儘管你是出於親切才出口提醒，但一切的多嘴都只是失禮的事。

「你要這樣做，那樣過。」

說得極端一點，多嘴就等同於想支配對方的人生方式。但這種做法根本不可能成功，我覺得更好的做法應該是去相信對方，投注愛情，傾注自己的力量去幫忙才對。

話說回來，得仰賴他力而生的人類是不可能希望一切都盡如己意的。「我想這樣做，那樣過」，希望一切的期望都能成真，這是不可能的事。

○「耳提面命」這句話的背後，潛藏了想支配他人的心情。
○不是以語言操控對方，而是試著投注愛情吧。

擁有一張大地圖

要察知對方的心情，就不能靠得太近。

不管對象是自己非常喜歡的人，還是有點棘手的人。

就像拿著距目標半徑五十公尺的地圖，反而容易迷失方向，有些事不綜觀全體就看不清。

請擁有一張大地圖吧。首先，先環視全體，然後找出對自己和對方「比較好」的做法。

這種時候，千萬要小心不要去試著找出「最好」的方向。什麼才是最好的方向，會隨著當下的狀況或當事人的心境改變，要找到正確答案是很困難的事。

如果想著要「找出對雙方最好的方向」，往往會落得停滯不前的下場。

而且，「最好」的方向大抵都是對某一方而言是「最好」。一次往對方覺得「最好」的方向前進，自己忍耐，但同樣的事持續兩次、三次之後，就會厭煩。

「交往不下去了」，如果一方多次起了這個念頭，不久雙方的關係就會崩毀。

不過如果是「比較好」的方向，只要細心注意就能找得到。

找到雙方都稍作忍耐，雙方都能夠接受的一條路，我認為這才是「比較好」的做法。

環視整體的地圖，找出對兩人而言「比較好的那條路」吧。在這麼做的期間，你也能自然察知對方的心情。

「這個人現在有點在勉強自己吧？」

「這個人該不會一直在忍耐吧？」

有這種感覺的時候，就代表你不是選「對兩人比較好」的路，而是選擇了「對你最好」的路。這種時候就回到原點，再找另一條出路吧。

○靠得太近，反而看不清對方的心情。

○拿著大地圖環視整體，找出對彼此而言「比較好的那條路」吧。

止步站定

無心的一句話，可能解救一顆快崩潰的心。

但無心的一句話，也可能造成無法磨滅、殘留在心底的傷口。

語言是個強大的工具，正因為如此，我覺得必須慎重使用。因為救命的解藥也可能變成奪人性命的毒藥。

小時候班上有個智能遲緩的男同學，大家常在一起玩。

有一年夏天，一個朋友對那個男孩說「你去死好了」。說話的人很討人喜歡，而且大家都還是小學低年級學生，這句話不過是大家鬧著玩的時候無心的一句玩笑話。包括當事人和周圍的朋友，大家聽了都哈哈大笑。在那個年紀的小朋友的對話中，「你去死」只是無足輕重的一句話。

幾天之後，那男孩在海邊溺死了。

我知道這不是誰的錯。不是因為朋友對他說「你去死好了」，他才溺水的。

然而，我還是大受打擊。

因為「你去死好了」這句話真的成真了。

「跟你說『去死』，真對不起」，我們再也無法向死去的朋友道歉。

一旦說出口的語話就無法收回，這段往事讓我深刻體認到言語的可怕。

那之後我開始對自己的發言很小心。即使長大成人了，我還是一直警惕自己：

絕不可以說傷害人的話。

但是說話真的很難，明明沒有一點惡意，卻可能說出傷人的話。自己的本意是愛情表現，卻可能惹得對方極度不悅。

前陣子，我看到朋友心情很消沉，便上前問他原由。結果對方回答是因為父親罹癌病危。「已經沒救了」，朋友喃喃地說，我為了想幫他打氣，就這麼說了：

「喪親之痛是每個人必經的過程，你要加油啊。」

我自己也覺得這句話說得不好，但我一點都沒有要傷害他的念頭。

然而我的那句「每個人必經的過程」，卻刺傷了他的心。自己唯一的父親的死，卻被人說成是「常有的事」。他事後跟我說：「老實說，當時我大受打擊。」

我當然立刻道歉了，並且對自己的不體貼非常懊悔。他雖然原諒了我，但我確實傷害了他。

話一旦說出口，就無法收回。我又再次經驗了和那個小學夏天同樣苦澀的感受。

或許以後我還會犯下同樣的錯。所以我開始留心在說話前先停一下。當情緒激動想說什麼的時候，就先深呼吸一次，稍等一下再開口。小時候爸媽曾教我：「生氣的時候，等數到十再開口。」我又開始執行這個方法。

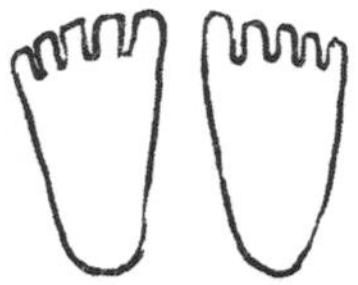

忍不住而脫口而出的話語，其實大部分是不說也可以的話；一時衝動寄出的信和電子郵件，大都只寫了「如果沒寄出去就好了」的內容。

「這件事有必要說嗎？特地說出來好嗎？」

謹慎小心，站定止步。再無關緊要的語話，也等數到十再開口。

這件事我想再小心也不為過。

○**言語本身有強大的力量，所以必須謹慎使用。**

○**說話之前先數到十，這是謹言慎行的方法。**

勤於寫信

思考與人的緣分這件事，使我再次意識到必須好好珍惜自己的家族。

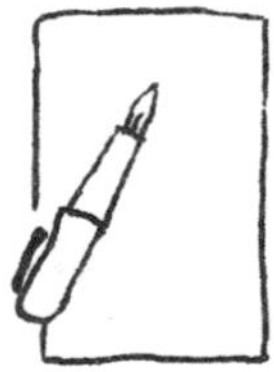

和自己有血緣關係的人們。親戚。雙親。沒有住在一起、大單位的「家族」，一年之中只有年初年末的節日或有喜事的時候有機會見面。如果是住得很遠的親戚，一年常常頂多只見一次面。

雖然想打電話，但彼此生活形態不同，活動的時段也不一樣，很難掌握打電話的時機。

所以，經常提筆寫信吧。

一點小事情也寫信通知對方吧。

要寄東西給對方的時候，也寫下三言兩語一起附上吧。

信件是十分個人的東西，能夠真確地傳達心意。就算只是張明信片，也能感受到從文字間流露出來的情感。

「女兒上中學了。大家都很好。」

「中元節的時候真是多謝了，再找機會見面吧。」

就算只有隻字片語也沒關係。

每個月一次，或兩個月一次，我會寫類似的信給自己的父母和妻子的父母。

如果對方有使用電子郵件的習慣，用電腦或手機寄信也可以。雖然最近比較少見了，用傳真機也是個好選擇。我很喜歡傳真機，除了立刻就能寄發出去，還可以用手寫。

與人溝通時重要的是不要懶惰。當然，這原則不單單適用於「寫信」，對象也不只限定於家人。

○與人溝通時重要的是不要懶惰。請勤快一點寫信吧。

○親手寫下的文字是很棒的東西，但如果真的不喜歡，寄電子郵件也可以。

CHAPTER TWO

2

持續下去這件事

找到剛剛好的距離

隔天的「謝謝」

一起吃飯是人際關係的基本。

飯局可以說是建立關係不可或缺的行為。如果是很多人一起聚餐另當別論，但如果人數控制在六個人以內，那就是親密的私人空間。

為了讓別人更了解自己，我們吃飯。

為了認識對方更深，我們吃飯。

這不是很令人愉快的一件事嗎？

我一直認為「快樂地用餐」是吃飯的基本。再怎麼精心烹調的美食，如果是一面吵架一邊享用，想必也食不知味。既然要吃飯，和有趣的人一起吃當然比較好。用餐的時候，就盡可能聊些分享快樂的事情，表示出「很高興和你一起吃飯」的態度。

用完餐之後，我也會留心，讓大家能感受到「啊啊，真開心，希望能再一起吃飯」的情緒。

我總是留心這兩件事。

我還有一件會留意的事，那就是在隔天確實傳達「昨天一起吃飯很開心」的訊息給對方。除了在道別時說「謝謝」，隔天我也會再說一次「謝謝」。

剛滿二十歲的時候，我常有機會讓長輩請客，但當時的我還年輕，什麼都不懂。雖然讓人請吃飯的時候會道謝，但隔天什麼也不會表示，一副沒這回事的表情。

某天和某位長輩談事情的時候，他突然聊到「讓人請吃飯，隔天打通電話道謝是當然的道理」，當時我聽了真是大為震驚。我想起自己雖然常常讓人請吃飯，隔天卻從不曾向對方道謝，感到十分羞愧。當時的狼狽，我還記得很清楚。

在那之後，我開始會寄簡單的謝函。

「昨晚真謝謝招待。能享用美食度過開心的時刻，我十分開心。」

雖然只是隻字片語，但對方接收到了我的心意。

我習慣寫信，如果是傳電子郵件或打電話，我想也沒關係。只要一句話就行了，表示自己的感謝。如果持續做這件小事，人際關係便能變得更緊密。

重要的是要「持續不斷」。

很多人在剛出社會的時候，或是面對第一次餐敘的對象，都會做到隔天的「謝謝」。受人招待時要寫道謝信，或是打通電話表示感謝，坊間大部分的禮儀參考書都會這麼提醒。

然而，大家大都無法持續下去。

工作數年之後，或是和相同的對象吃過好幾次飯之後，便自動省略了隔天的

「謝謝」這個步驟。

然而，隔天的「謝謝」可是讓彼此感情更深刻、更長久的好機會。

兩人可以一起回想那段歡樂的時刻，也可以說是為了興起「再一起去吃飯」的念頭的小小儀式。「謝謝」這句話說再多次都不嫌多，也不會有人覺得討厭的。

○受人招待的隔天，要好好地向人家道謝。

○寫信也好，打電話、寄電子郵件也可以，重要的是要持續下去。

自在送禮

身邊的人。

總是在一起的人。

不用花心思招呼、關係非常親近的人。

像這樣的對象，意外地很難和對方去討論深刻的事。像是一起生活的家人，如果要問平時是不是彼此會進行細膩的溝通，似乎並不是這樣。

雖然常常見面，會說話，但卻很少有機會與家人暢談心事。

我的例子可能比較特殊，但我最感謝家人的一點，就是他們不會太過干涉我。就算我一個人去旅行，因為工作不回家過夜，或是相反地一直窩在家裡，他們也不會多說什麼，只是靜靜地守護著我。

他們的行動令我很高興，但是要把「謝謝你們一直守護我」這句話說出口，實在很令人彆扭。但是，感恩的心又不能不說出口。

所以我會在日常生活中送他們一些禮物，並附上一封簡單的信。

愛吃的食物。鮮花。一些小禮物。

我並不是打算以東西打發他們，只不過在逛街的時候看到「啊，這他可能會喜歡」的東西，如果自己能力可負擔，就會想要買回家。

「啊，這東西他可能會喜歡」，要培養出這樣的天線，平日的觀察很重要。仔細地看著對方，漸漸地就能提高天線的精準度。就算最後東西對方不喜歡，他也會接收到你送禮的心意。

禮物給人一種是在生日、聖誕節或特殊紀念日贈送的高價品的印象。

但有時在那些日子自己可能剛好因為忙碌，沒有時間去找到他們真心喜歡的禮物；或者花時間跑了很多家店，卻找不到合意的東西。

而且，在特別日子的禮物有些流於習慣，反倒少了點驚喜。

「因為是生日嘛……」

「因為是聖誕節嘛……」

換句話說，送禮的動機這下變成「特別的節日」，而不是「自己想送點什麼的心意」。收禮的對方也不會覺得驚喜。

因為這樣，我喜歡在一般的日子送些沒有負擔的小禮物。我想只要小東西就夠了。

重要的是不怕麻煩。還有，不要覺得害臊。

「這東西看你好像會喜歡，我就買回來了。」

就以自然不做作的方式，也不必包裝。

在平常的日子找到對方喜歡的東西，送給對方，這麼一來，不管對象是家人還是朋友，想必都會有「他總是把我的事放在心上」的感受。

這種情感的交流，便會打造出柔軟的關係。

○在尋常的普通日子，試著送些沒有負擔的小禮物吧。

○不要怕麻煩，不要覺得害臊，不必慎重其事，自然就好。

製造時間

「現在，他該不會把我的事給忘了吧？」

你曾經有過這樣的感受嗎？

溝通一旦不夠，人就會覺得寂寞，有種被拋下的感覺。雖然有個人程度差異，但要是沒人向自己說明情況，置身在搞不清楚狀況的狀態下，人經常會覺得不安。

站在相反的立場，你也可能曾經忽視了誰。當你忙得自顧不暇的時候，可能會疏忽與家人或朋友、戀人的溝通，使對方感到不安。

在職場也是一樣，過於投入自己負責的工作，忽視了與周圍同事的溝通，以致別人會產生「他一個人在忙什麼啊？」的疑問，關係自然而然就疏遠了。

忙碌不能用來當作怠忽人際關係的藉口。不管再忙，我覺得都不能用忙碌來當作不聞不問的理由。

所以我們必須要管理自己的時間，不能讓自己過於忙碌，必須在工作和生活間取得平衡。

萬一不得已變成忙碌的犧牲品，那也應該自己一個人承擔，絕對不能把重要的人給牽扯進來。

我雖然總是一再強調「平衡、平衡」的重要性，但實際執行起來真的很不容易。

所以，在忙碌的時候，就有意識地去留下溝通的時間吧。

在極度忙碌的時候如果空下了五分鐘，我會和工作人員聊天。五分鐘、十分鐘的時間，看個報紙一下就過去了，不過如果決心「留下溝通的時間」，可以用來做很多事情。

如果工作比預期早一小時結束，我不會接著進行下一個工作，而是可能選擇回家一趟。因為我相信用這空出來的一小時和家人溝通，比多做一小時的工作來得重要多了。白天的會議如果取消了，我也會去和朋友見面。

總而言之，就算再忙也會有零碎時間。

工作這種東西，一不小心會連你的零碎時間也侵占了。

所以你得非常小心，為了替重要的人留下溝通的時間，珍惜地使用零碎時間吧。

不管是在職場的閒聊，還是跟家人朋友之間的談話，常常只流於雜談，內容淺薄。如果沒有進行徹底的溝通，對方會感到不安，我們得努力去消除他們的這種感受。

像我的例子，我會找對方談一下之前在生活中定下的小約會、曾經討論過的事情，或是對方先前說到一半還沒談完的事情。

「〇〇，我有五分鐘時間，要不要聊一下上次那件事？」

這麼一來，對方便會心想「雖然他很忙，不過還惦記著和我的對話」，因而感到放心。如此自己也不會只回答一句「我會想想」，使對方一直懸在不上不下的狀態。

和家人朋友的相處也一樣。

如果當時的談話全都記得自然最好，但也可能因為一時忙碌而忘記細節。這種時候就老實地請教對方。不是一一用筆記下，而是把事情放在心上，忘記的時候就老實地說「忘記了」，我想這樣的互動比較自然。

關鍵在於，不要把「談到一半的對話」給丟下不管。發現自己快忘記了，就先這麼請教對方。

「上次，你好像跟我提到一件重要的事，是什麼事？」

「記得我們只聊到一半對吧？」

如果對方回答「對，我是在跟你說〇〇的事」，那就沒問題了。談話的內容雖然也很重要，但傳達出「我沒有忘記你，我很在意你」的心意，也是一種溝通。

如果對方回答「沒說什麼重要的事啊」，那你自己也能鬆了一口氣。

〇愈是忙碌的時候，愈有意識地去留下溝通的時間吧。

〇為了替重要的人留下溝通的時間，珍惜地使用零碎時間吧。

不要太靠近

並沒有一起在做什麼事，也不是經常見面，也沒有分享彼此生活中的一切。

但兩人卻一直是朋友。

我認為這是最棒的友情。我認為感情融洽並不代表要縮短兩人的距離。

不會太近不會太遠，不侵人對方的領域。正因為親近，所以不忘禮貌，尊重對方。如果不時時刻刻意識到兩人的距離，友情或許就無法長久持續吧。

隨著年月，人和環境都會改變。雙方都發生了很多事，彼此的距離也會拉大或縮小。

學生時代像雙胞胎一樣黏得緊緊的兩人，因為工作和成家而變得疏遠，後來因為某個契機又親近起來，相信很多人都有這樣的經驗吧。

口角和思想的差異也會改變兩人的距離，有時候不需要什麼理由，兩人自然而然就拉開距離。可是，如果你想一直珍惜這段緣分，那你就有必要有意識地去調整距離，太遠了就走近，太近了就稍微後退一步。

「我和這個人最適合的距離是多遠？」

我經常在思考這之間的平衡。當然，我也會去設想「對對方而言，什麼才是最自在的距離」。

我為了某個企畫去國外採訪兩星期。在那趟旅行，我和責任編輯兩個人從早到晚一直都在一起。對方是個感覺很不錯的人，工作也進行得很順利，我是以愉快的心情返回國門。

但是有一天，我從別人口中聽說了，他告訴別人：

「我們相處了整整兩星期，松浦先生卻始終沒有對我卸下心防。我拚命和他分享我的私事，還跟他告白了我內心的想法，他卻一句也沒提自己的事。」

我頓時有種恍然大悟的感覺。我現在也把那個人當朋友，我們也繼續往來，但我已經知道我和他所追求的是不一樣的東西。

我當時確實是敞開心門面對他，只不過我沒想過要告訴他自己的私事。

很多人似乎是因為擁有共同的祕密，或者聊過一些心裡話而變得親密，但我的性格是「自己的心事，藏在自己心裡就行了」。

這件事讓我再次體認到，事先向對方說清楚自己是什麼性格的人，和對方保持什麼樣的距離最剛好有多重要。

兩人見面是一個月一次比較好？還是一星期一次比較好？

兩人的心要維持在什麼樣的距離才是最自在的？

大部分的人在交往之初距離都會瞬間拉近，但為了避免現出自己的本性後反差太大，請先做好準備吧。大部分的情況靠溝通都能解決的。不過我並不是指要雙方開出條件，只是不管是在哪種關係裡，努力去了解對方都是不可或缺的事。

我雖然表明了不喜歡和別人太接近，太親暱，但我還是有每個月都會見面一起喝茶的對象。

偶爾會遇到「這個月非常忙，不知道抽得出時間嗎？」的情況，但這是我自己的期望，我所做出的決定。自己已經下定決心的事，繼續下去是當然的事。打開始我就已經做好這種覺悟和那個人交往，今後我想也會一直這麼見面下去。

「交個朋友何必那麼死腦筋呢。」

你如果是這麼想的，那代表你是個非常幸運的人。

因為友情看似絕對，其實意外容易損壞。沒有能夠自然持續的友情。權衡距離，就是為了守護關係而努力。除非兩個人一起呵護、灌溉著那份友情，友誼才能長久持續。

○有意識地去思索不會太近也不會太遠，剛剛好的距離。這就是友誼長存的祕訣。

○當朋友也需要做好覺悟。除非兩個人一起呵護、灌溉著那份友情，友誼才能長久持續。

不求回報

「因為我想這麼做，我才這麼做。」

不管對象是夫婦，是親子，還是戀人都一樣。

此外對公司的上司、後輩、朋友也適用。

不管是親切、體貼或協助，全是一種向對方展示的愛情表現。而你是因為自己的意志想這麼做才去行動。所以不管發生什麼事，都不可以向對方要求回報。

有人可能會覺得回報是指物質上的東西，但要求精神上的回報其實更加沉重。

「我為你做了這麼多，為何你什麼都不為我做？」

「我為了你那麼努力，為什麼你一點都不懂我的心意呢？」

偶爾會聽見有人這麼抱怨，但我覺得這一點道理也沒有。我認為這是很自以為是、很任性的一種想法。

難道是有誰壓著你、威脅你，強逼你要這麼做嗎？「請務必幫我〇〇」，難道是你明明一點意願都沒有，卻有人硬逼你幫忙？

我想大概沒有這種事。

不管再辛苦再累人，決定要那麼做的人是你自己。應該是因為你想要溫柔對待對方，想為那個人做些事，所以才會行動。如果是這樣，你光是行動不就已經足夠了？

無論對方會不會有所回應，把行動當作自己的幸福，親切待人。盡心盡力。助人一臂之力。如果你不能遵守這個原則，那還不如什麼都不做比較好。我是這麼認為的。

「為了你」、「幫你」。

至少把這些字眼從心中消除吧。

立場一換，如果是對方為你做了什麼，那事情就不一樣了。

話雖如此，「給人回禮」有過於直接的顧慮，所以我的做法是除了表示感激的心情，還要不忘回報後續的狀況。

像是當別人在教導你某件事的時候，便順從地欣然傾聽，並努力傳達「真的非常謝謝你」的感激之情。

日後，你再向對方回報後續狀況，像是「您教導我的事，幫了我這樣的忙」，或是「我讀了您推薦的書，有了這樣的啟發」。

「謝謝」是表示珍重地收下了對方贈送的種子的報告，但光是這樣還不夠。將收下的種子細心種下，催芽，讓它開花。然後把這些過程向對方報告，再一次道謝，我覺得要做到這種程度才算得體。

報告的時機，則愈早愈好。

「這本書你最好讀一下」，如果對方這麼說，當天之內就去找書來看。如果知道有人這麼認真地吸收自己教的東西，教人的一方應該會比聽到你道謝更開心吧。如此一來，對方可能又會教自己新的東西，兩人也能進展為「下次再見面」的關係。

○無論對方會不會有所回應，把那當作自己的幸福，親切待人吧。

○如果有人為自己做了什麼，就以感謝和回報做為回禮。

不著急

「話說回來……」

「說到這，關於那件事……」

你是不是也會像這樣打斷別人的話呢？

不管是閒聊還是開會，總會有人打斷別人說話，自說自話，這種人實在太多了。人家都還沒把話說完，就蠻橫地轉移話題，或是中途插嘴。這恐怕是他們想要掌控和支配全場的「我」的表現吧。

可能是因為性急，或是快沒有時間了，所以才忍不住想打斷說個沒完的人。可是對方的話再多，也有一定的限度。

不管是哪一種人際關係，只要能好好地聽對方說話，就一定能進行順利。

談戀愛起了口角，大都是某一方沒有好好聽對方說話。裝作在聽，其實是在恍神，只想趕快應付過去，敷衍回應。

謙虛一點，耐心地傾聽對方說話吧。不要著急，放沉著，試著專心傾聽吧。這麼一來，彼此之間流動的空氣也會為之一變。

就算是公事，只要是涉及人際關係就不該躁進。不要以為這世上有匆匆忙忙還能順利進行的工作。

「都特地安排了時間，轉乘了好幾班電車到這裡來，今天我得讓對方記住自己。另外，還要介紹一下公司，介紹商品，如果可能，就連合作案也想一併敲定。」如果以這種節奏性急地開始會議，對方想必會覺得退縮吧。一次只完成一個目的是最理想的，就以這種悠然的心態進行吧。

就算是和國外的客戶合作，我也是以同樣的步調進行。考慮到去國外出差所花費的金錢和時間，便一味追求效率，想把所有的事都一次辦完，但就算想這麼做也是不可能的事。

因此我會先去一趟，和對方聊聊，熟悉一下；等下一趟再去，再談得深入一點，使雙方更加了解對方；下次再去，便討論公事。我會像這樣子跑上好幾趟。

或許有人會覺得這麼做太沒效率了，但正因為有這些過程，對方最後願意對我卸下心防，助益很大。

有一次，我去拜訪了好幾次的客戶問說：

「你特地遠從日本來這麼多趟，很辛苦吧。如果想一次辦完也不是不可能，為什麼你不那麼做呢？」

對方大概是體貼我多次奔波吧，而我的回答是：

「那不是我做事的方法。」

即使是只開一次的會議，「不著急」的態度也同樣重要。

一見面立刻就切入正題，實在是太過公事公辦，況且這樣的做法便不能把合作延續到「下一次」。

如果是只此一次就結束的關係另當別論，可是如果你想繼續這段關係，建立更深的牽絆，那你應該耐心地聽對方說話。

我一一上門拜訪別人賣書的時代，之所以能受到接納，想必是因為我會花上一段時間閒聊。那之間就連帶來的書也沒拿出來，沉著地聽對方說話，並從中得到很大的樂趣，為了讓對方多認識自己，也聊了很多事。

正因為靠這種「浪費時間的閒聊」打好了雙方關係的基礎，最後終於有人向我買書了。我覺得自己之後能進一步寫文章、做編輯的工作，就是從那些關係延伸孕生出各式各樣的可能性。

○不管是哪一種人際關係，只要能好好聽對方說話，就一定能進行順利。

○只要是涉及人際關係的事就不該躁進。「浪費時間的閒聊」能打造雙方關係的基礎。

善於被拒絕

與人交往有時需要請人幫忙，有時是人家拜託你幫忙。

不會只有一方單方面一味要求別人幫忙，你來我往是普通的情況。

如果當你是站在請人幫忙的那一方時，請練就善於被拒絕的工夫吧。

「無論如何，這件工作都需要你的力量」，不管是像這類請求，還是「要不要一起去吃午餐？」之類輕鬆的邀約，都讓對方能夠輕鬆拒絕吧。

這門技術雖然有點難度，不過如果要長遠維持來往，最好還是學起來。

「很抱歉，這個工作我沒辦法接。」

「今天中午我有點事。」

請託或邀約應該常會遇到被拒絕的情況。

對方雖然拒絕了你，但這不表示對方討厭你。每個人都有自己的苦衷。

即使被拒絕了，也絕不能討厭對方。因為不管是請託或邀約，結果無法盡如己

意都是理所當然的事情。

正因為如此，我想當個善於被拒絕的人。拜託別人的時候，我總是留心要讓對方能夠自在拒絕。

只要站在相反的立場設想就知道，拒絕別人是一件很吃力的事。

「我如果拒絕了，對方搞不好會受傷」，或是「自己好像變成了壞人，有罪惡感」，拒絕別人常會有這種感覺。

如果因為自己拜託對方，使對方產生這類感受，雙方想要長久來往便成了一件難事。而且，如果只因為拒絕了一次邀約便產生了疙瘩，那就沒有「下一次」了。

就算回覆是「NO」，不管是開口的一方，還是被拒絕的一方，就讓這件事乾脆地過去吧。這就是善於被拒絕的終極目標。

要成為善於被拒絕的人，並不是要你一開始就以低姿勢開口。

「雖然我想您應該沒時間，但可以請您接這個案子嗎？」

「你搞不好不會喜歡，如果真的不願意你就直說，要不要一起去吃午餐？」

如果要做到這種異常謙卑的程度，我想還不如不要拜託人家，不應該去邀人家。如果一開始就寫好「被拒絕」的劇本照樣演出，那不過只是卑微的獨角戲。

想要成為善於被拒絕的人，要學習的是即興演出。

一開始積極地請託或邀約，但如果察覺到「啊啊，他想拒絕了」，就臨機應變，果斷撤退。

不需要有超能力，也能感覺得到對方有「想拒絕的跡象」。你只要仔細觀察，發揮一點想像力就辦得到。

「啊啊，看他笑得那麼尷尬，想必是興趣缺缺吧。」

「他正在想要怎麼說才不會傷到我吧。」

表情，語調，動作，遣詞用字。如果是私人友情自不用說，即使是公事關係也可能從這些跡象察覺出來。

如果發現對方有意拒絕，就不要等到對方想好婉拒的藉口。

「我知道您很忙碌，如果這次實在是沒辦法，那就期待下次合作的機會。」

如果是公事，你可以這麼接話，然後若無其事地改變話題。

「如果你沒有時間，不必勉強，我今天就一個人去吃午餐。」

與其在文字上頭下工夫，以輕鬆的語氣找時機果斷退場，也是一種即興演出。立刻看出對方的苦衷，不苦苦相逼，這即是一種體貼。善於被拒絕，也就是當個體貼的人。

給拒絕的一方留下「他讓我沒有壓力」的印象，或許對方會產生「下次就接受他的邀約吧」的念頭也不一定。對方搞不好還會想「下次換我邀他吃午餐」呢。

就算不去考慮這些因果關係，讓對方放輕鬆，反過來也會對自己有利。

此外，只要持續進行被拒絕的練習，我覺得自己拒絕別人的功力也會有所提升。拒絕或被拒絕，就像一枚硬幣的正反面。在人際關係裡雙方的立場經常會改變，你可能得輪番演出拒絕人或被拒絕的角色。

理想的拒絕方式，訣竅在於速度。沒有片刻猶豫，乾脆拒絕。雖然看似無情，但恐怕是最好的方式。

「請讓我考慮一下。」

「我還不知道耶，搞不好可以去。」

所有曖昧的答案都是在吊對方胃口。

在等待的期間對方會期待好的回音，同時也會產生「搞不好會被拒絕」的不安。如果那條延長線是連接到「NO」這個答案，同樣是拒絕，我覺得這反倒是最殘酷的方式。

不過再怎麼重視速度，也絕不能在對方說到一半的時候拒絕。就算一開始就知道無法答應，還是要仔細聽對方說完，「事情就是這樣，希望能麻煩您〇〇」。全部聽完之後，再以謙和的態度，迅速明確地拒絕，並表現出堅定的意志，不給對方捲土重來的餘地。

不管是什麼樣的請託都接下，所有的邀約都來者不拒，如此就能擁有快樂的人際關係嗎？這是不可能的。

可能有人向你借錢，但你沒有借錢給人的餘力；就算金額你能負擔，但你可能覺得和別人有金錢往來很尷尬而選擇不借。

人本來就會有辦不到的事，無法回應對方的期待，是自己力有未逮。

就算有自己辦不到的事情也沒關係，如果雙方的關係因而結束，那也是莫可奈何的事。拒絕的一方務必要學會果斷開口的能力。

○如果察覺對方有拒絕的意思就果斷撤退。這麼一來，才會有下次機會。

○如果自己站在拒絕人的立場，就以謙和的態度，迅速明確地展現出自己的意志吧。

不要獻殷勤

「如果我這麼做，他會有什麼感覺呢？」

如果不時時發揮想像力，為人著想，便不可能維繫人際關係。無法顧及別人感受的人，無法建立良好的關係。

雖說如此，但體貼別人也是需要「格調」的。

如果獻殷勤過了頭，體貼或好意不知不覺就會變成多管閒事或自以為是。

舉個例子，像是在餐桌上看到別人不大動筷子，便夾菜給別人，說「這很好吃喔，來，多吃一點」。這種情況要怎麼看？

如果雙方是母子，或是親密的夫婦或戀人，那另當別論。但倘若是除此之外的關係，那顯然就是多管閒事了。

對方可能是身體不舒服，也可能是不大喜歡那道菜，或者他只是想以自己的節奏慢慢吃也不一定。

仔細想想，一切的體貼用心，或許在化成言語的瞬間都成了多管閒事吧。露骨地表現出「我很機靈，很關照你喔」的態度，結果演變成半帶強迫的狀況。

此外，太過殷勤也會造成對方的負擔。「這個人也太注意我了吧」，對方一旦有這種感受，可能會覺得自己的一舉一動都被人看透了，覺得喘不過氣。

關照別人時，只要以若無其事的態度表示就行了。我希望自己是個不做出引人側目的舉動、體貼別人時有格調的人。而且我也時時提醒自己，千萬不可以強逼別人。

有時候即使發覺了，也裝作沒發現。或許要能做到這一點，才算是真正機靈的人。

我們有時也可能會把體貼當作工具，這也得小心注意才行。

「我想和那個人當好朋友。」

「先打好關係，對下次合作比較有利。」

雖然沒有特別去意識到這一點，但你是否曾因為察覺自己的行動別有用心而大受震驚呢？

在工作上，有些人為了有利自己的工作，會不必要地獻殷勤。交朋友也一樣，為了顧及自己的面子，希望照自己的意思做，而做出別有用心的舉動，這種情況意外不少見。

不過別有用心的好意，對方一定會有所察覺。

「啊！這個人是另有目的才對我這麼好啊。」

一有這種感受，大部分的人都會覺得受傷。

換句話說，沒有比這更失禮的事情了。

不夠機靈不行，但如果太多事也可能造成對方的負擔，結果傷到了對方。這種事情我想再小心也不為過吧。

○不管是體貼還是好意，太過頭就會變成多管閒事或自以為是。

○太多事可能會造成對方的負擔，體貼也需要「格調」。

幽默感的功用

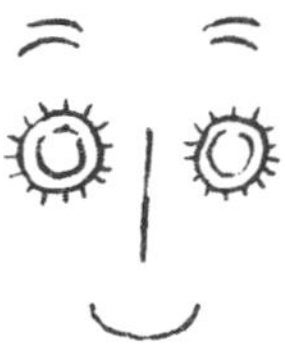

人與人的互動不是事務性的連繫，不是只要「傳了話」就能夠成立。我希望自己不要忘了，人與人的互動應該是心與心的交流。

能使人與人的互動變圓滑的，便是幽默感。雙方始終笑著結束對話，如果能建立這種關係就太棒了。

就算不是特別機智風趣也沒關係，冷笑話也罷，歐吉桑笑話也可以，說句笑話來緩和現場的氣氛吧。我認為要能夠自然地做到這一點，才算是真正成熟的大人。

我還未達到這個境界，不過我有位崇拜的前輩。他不管是年紀，還是實際成績，稱他為「權威」也不為過，但他為人十分率直謙虛。就算是面對我這種年紀小了二十多歲的晚輩，還是沒有架子，以「很高興見到你」的態度接待我。

那位前輩總是面帶微笑，談話十分有趣，聽他說話好幾個小時都不會厭倦。

「松浦啊，你知道成功男人的條件是什麼嗎？」

有一次他這麼問我，我回答：「好像知道又好像不知道，我也說不上來。」結果他微微一笑，這麼說了：

「最厲害的是腦袋瓜非常好，行動又積極的男人。」

沒錯，的確誠如他所說。我點了點頭。

「第二厲害的則是腦袋瓜普通好，行動普通積極的男人。松浦，你知道第三強的是什麼樣的男人嗎？」

「頭腦有點好，行動有點積極的男人嗎？」

聽到我的回答，他回說「正是如此」。

什麼嘛，結果只是差在頭腦和行動力的程度啊？我才這麼想，他又繼續發問：

「那你知道什麼是最糟糕的男人嗎？」

「嗯，最糟糕的應該是腦袋不好，又沒行動力的男人吧。」

我這麼回答之後，那位前輩得意洋洋地說：

「不對，最糟糕的男人是腦袋不好，又有行動力的傢伙。腦袋不好又消極的男人作不了什麼怪，還不成問題。最教人頭痛的是把壞腦袋想到的事付諸行動，連累到其他人的男人。遇到這種男人可會吃苦頭喔。」

我聽了大感佩服，又請教他什麼才是有魅力的女性的條件。

「好女人啊，首先，腦袋一定要非常好。不過，絕不能讓人看出這一點。腦筋非常好卻不賣弄，又討人喜歡，這種女人最棒了。」

能把自己腦中的知識以好玩有趣的方式，像在說笑話一般和人分享，他輕妙灑脫的言談讓我聽得入迷。

雖然要達到那位前輩的「專家水準」很困難，但只要敞開心門，讓別人看到自己有點滑稽的一面，這也是一種幽默表現。不隱藏缺點，彼此坦誠相見暢談己見，談話間便自然而然能夠笑聲不絕。

○ **幽默感能使人與人的互動變圓滑，請好好活用吧。**
○ **說笑話來緩和現場的氣氛。能自然地做到這一點，才是真正成熟的大人。**

CHAPTER THREE

3

不順利的時候

重要的是回頭的勇氣

不把煩悶帶到明天

我常在想像「游泳中的自己」。

我在海中遇到各式各樣的人，發現了許許多多的東西，累積了很多經驗。如果發現了重要的東西，我就會一起帶著走。

可是如果拿了太多，東西太重，我就會溺水。

如果我想前進，想游到我的目的地，就必須放手。

又，當前方突然來了大浪，我不一定每次都要正面迎戰，有時候也可以閃避就好。

我會開始練習想像「游泳中的自己」，大概是因為我很容易在意別人的看法。

對方無心的一句話，隨便的一個表情，我都會一一反應，十分介意，「啊，那個人該不是討厭我吧？」，「我怎麼會說出這種話，真是太白痴了」，逕自心煩不已。

以前的我常會介意這些事。

直到讀了池澤夏樹的小說《Still life》（中公文庫出版），我才豁然開朗。

不可以認為這個世界是為了你而存在。世界並不是包容你的容器。

世界和你就像兩棵並立的樹，沒有一方傾向另一方，各自筆直矗立。

你知道自己身邊有棵名叫世界的大樹，並因此感到高興，但世界或許很少想到你的事也說不定。

其他人並不像我以為的這麼在意我。這麼一想，心情頓時輕鬆許多。

為了不給和自己見面的人帶來不快，打理服裝儀容是很重要的事。可是，就算執著於小地方，連襪子的顏色都一起考慮搭配，別人搞不好根本不會注意。對方並沒有自己介意地這麼在意自己，只要這麼想就會輕鬆許多。

站在相反的立場思考，自己光是要活下去就十分耗費心力，如果還要一一去在意每個人的髮型或襯衫領子的形狀，那實在太累人了，身體也會撐不住。

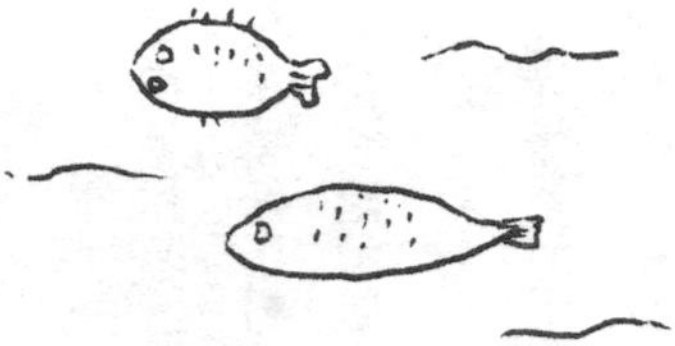

同樣的，我也常常很在意自己的行動。「我說了那種話，是不是傷到了那個人？我的態度會不會太奇怪？」與人互動時的每一個小細節，我都在意得不得了。

我還曾誇張到事後去向對方道歉。

「上次我的態度不好，真是對不起。那時我一定是有哪裡不對勁。」

但是，大家都是一臉意外的反應。

「咦？是什麼事？有這回事嗎？」

結果根本沒有人注意到，搞不好人家都已經忘了這件事。不管怎麼樣，都不像是值得自己那麼介意的事。

我並不要大家「對一切都遲鈍一點」。與人相處，確實應該做到敏感、緻密、細心注意。

不過偶爾也學著「不把煩悶帶到明天」的堅強吧。因為如果去一一在意每一個相遇的人，我們就會溺死在寬廣的大海裡。

○對方無心的一句話，隨便的一個表情，不要太過在意。

○與人相處時如果已經做到敏感、緻密、細心注意，其他的事就不要太去在意了，這也是一種辦法。

不被對方影響

不管是第一次見面，還是見過數次面，有些人的態度始終很差。冷淡，嚴厲，過於客套，傲慢。至少顯然不是好意的態度。

雖然不知道對方是真的有惡意，還是不自覺的反應，但這種人不好對付是事實。

我一直覺得溝通的目的是用來傳達愛情，希望自己能用全身來表現「很高興見到你」的喜悅，即使如此，遇到前述的那些人，有時候我還是差點會動氣。

像這種情況有兩條路。你可以表現出和對方同樣的態度，或者，你可以堅持自己基本的待人態度。

兩種方法我都試過，第二種方法壓倒性地有用。即使對方感覺再差，也不要被對方影響，自己繼續表達親愛之情。雖然做起來不容易，但這才是保護自己的方法。

因為如果你也被對方的惡劣態度給傳染，便會展開一段不舒服的人際關係的連鎖反應。

如果自己做出和對方相同的惡劣舉止，對方也會更加惡行惡狀。兩人之間惡劣的感覺逐漸升溫，最後就連周圍的氣氛也被搞壞。在這種情況下，沒什麼人能夠覺得自在。

又，對方的「差勁態度」背後可能有各種原因。

他可能很累，或是正好心情很差，剛好遇到什麼討厭的事；就算雙方再親近，每個人一定都有其他人所不知的苦衷。他也可能單純只是因為太忙而無力好好招呼你也說不定。

如果你反應過度，也擺出「這算什麼」的態度，反應未免也太直線思考了不是嗎？

「他可能是討厭我吧。我做了什麼惹到他嗎？」去想這種事，也沒什麼意義。

就算對方以反感的態度面對自己，但傳達愛情並不是要你討好、奉承對方。不流於情緒化，平淡的，以平常心對待他。光是這麼做就是一種愛情表現了，能夠安撫對方激動的心。

如果對方真的懷抱著惡意或怒氣想攻擊你，那總有一天你會以某種形式得知，不必「當下立刻」反應也沒關係。不，反倒是當對方情緒激動，你不去理會也是一種處理方式。

世界上不是只有好人，但也不總都是惡人。

你也會有「總覺得心煩意亂的日子」吧。像這種日子，如果別人不把你的壞心情當一回事，以平常的方式對待你，你會覺得比較輕鬆吧，對方想必也是同樣的感覺。

◯就算對方態度惡劣，也以平常心接待他吧。

◯不流於情緒化，以平和的態度對待他，便能安撫對方激動的心。

意見不同是理所當然

仔細比較會發現，右手和左手是不一樣的。

手指的形狀，指甲的大小，關節的粗細，柔軟的程度。

就連自己的兩隻手都不一樣了，每個人各自有所不同是很自然的事。意見不同，意見相左也是理所當然的事。

因為是家人，因為同屬於同一個社群，因為是朋友，因為是情人，因為是在同一家公司上班的同事，只因為這些理由大家便都意見一致，我認為這是不可能的事。

「我是這麼想的，你也是吧？」

我懂偶爾也會想確認一下，希望藉此放心的心情，但我覺得這麼做並沒有什麼意義。

「咦？你不覺得〇〇嗎？」

就算只有自己一個人意見和大家不同，也沒有必要在意。
勉強自己去配合大家，才是不誠實，會導致雙方的關係扭曲。
「每個人都不一樣，意見也不相同。」
以這個觀念當作前提，溝通才能順利進行。就算發生意見相左的情況，也不會像發生了什麼大事似地驚慌失措。

我想提醒大家的是，絕不能因為意見對立就討厭對方。千萬不可以過度反應。只要將那個人的意見和人格分開看待，便可以防止犯錯。
但即使如此，在某些人之間經常會出現意見相左的情況。像是公司的工會和管理階層，或是企畫和營業部門。雖然兩方關係並不一定都很緊張，但經常會分裂成敵我兩派。
然而，不管是工會或管理階層，企畫或營業部門，都是同一家公司的人。就算去分成敵我兩方，也無法把對方當成不存在。
「雖然感情不怎麼好，但和對方是切不斷的關係。」

與人交往偶爾也會碰到這種情況。

不僅限於公司，如果出現老是和自己意見相左的對象，就算難以理解也要好好聽對方說話。就算兩人無法達成共識也沒關係，就算聽完覺得「我還是無法贊同」也可以，請把對方當成一個人去尊重吧。

我們是生活在人與人的網絡之中，當你摔倒的瞬間可以依靠的對象，很可能只有你的「敵人」。

「你是我的敵人，我管你會不會倒下」，他是會丟下你不管？

「雖然我們意見不合，我不喜歡你，但我認同你這個人」，還是他願意伸出援手？

這取決於平時你有多尊重對手，而對方又是否尊重你。雖然感情不好，個性不合，但交往卻可以持續下去。我覺得能接受這樣的關係，也是一種大人的智慧。

○每個人都不一樣，意見也不相同。以這個觀念當前提，交往才能順利。
○雖然意見不合，不喜歡對方，但承認對方的存在。這便是大人的智慧。

不抱怨

把自己的心情說出來是很重要的事。

尤其是心中的負面情緒，一旦說出來，縈繞在心裡的那些不痛快也會消失。

只不過，我覺得最好要適可而止。因為我想沒有人和動不動就抱怨的人在一起，還會覺得「啊啊，真開心」的。

有人光是和朋友在咖啡店喝個茶也會抱怨不斷。

「冷氣太冷，點餐太慢，點心太甜，咖啡太淡。」

就算一切全都如他所說，但他把抱怨一一說出口，會使本來要在咖啡店歡度的時刻變得十分不愉快。因為他毫不客氣地發洩自己的情緒，導致現場的氣氛被破壞。

搞不好在場的其他人心裡想的是「空調溫度適中，點心、咖啡都很美味，點餐太慢了嗎？可能是我聊得太開心了沒注意到」也不一定。

因為貪圖自己一人的口快而降下不滿的大雨，使得周圍的人都淋得一身濕，我認為沒有人有權利這麼做。

愛抱怨的人麻煩的一點是在各種狀況都找得出抱怨的題材。

不管是公事或私生活，一開始還只是針對狀況或條件挑剔，接下來會開始「尋找犯人」。

「就是因為○○那樣，才不順利」，最後把責任推到一個人身上，不找出罪魁禍首就不甘心。

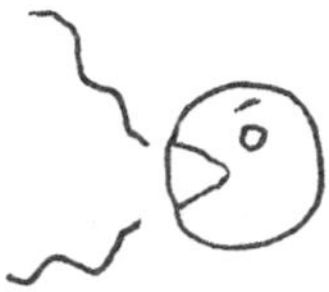

把過錯推給某個人之後，抱怨攻擊的強度就會增加。因為決定了一個目標，要說長道短就更容易了。

然而，把過錯推給別人卻也代表自己什麼都不能做了。

「我現在會這麼辛苦，都是因為〇〇的錯」，當你這麼說出口，主導權就轉移到了〇〇身上。換句話說，就算你想改變狀況也無法如願了。而且一直高舉著被害人的大旗，雙方就無法溝通，你抱怨的原因也無望改善了。

只要這麼一想就會知道，抱怨不僅無法消除壓力，還會變成侵蝕你和對方的毒藥。

抱怨是種非常個人的情感。既私人，又負面，像這種發言，我覺得不是一個成熟的社會人應該說的話。

想抱怨某件事的時候，就緊緊閉上嘴吧。在你大發牢騷之前先回過頭審視自己吧。

「你有完美到可以抱怨這麼多嗎？」

問自己這個問題可以立刻回答「YES」的人，我想並不多。

要求自己不抱怨。

要做到這一點的確不容易，但這也是一種保護自己的方法，可以免於受到因放縱自己而產生的毒性的危害。

○沒有人和動不動就抱怨的人在一起還會覺得開心。

○把事情不順利的原因推給別人，自己就什麼都不能做了。

製造退路

我在前文提過，當對方在等候你的回覆的時候，應該迅速明確地答覆是「YES或NO」。

不過當對方在針對某件事陳述自己意見的時候，我覺得似乎不該這麼做。

「我是這麼想的，想這麼做。」

即使對方的意見和自己的看法有出入，但突然就插嘴一句「你說錯了」，做出否定的結論，這麼做有些粗魯無禮不是嗎？

就算心裡覺得「應該不是這樣吧」，還是先好好聽對方說完，暫時接受對方的見解。

「咦？原來他注意到了這種地方，真不簡單啊。」如果發現值得稱讚的地方，就予以贊許。

做到了這幾點，再補充自己的意見，「不過也有這種看法吧？」或是「這種做法又如何？」

如果採用這種做法，對方既可以直率地從容說出他的意見，也能催生出你自己所想不到的點子。

我認為討論、交換意見、腦力激盪的基本條件，正是絕不否定對方。

然而，假使討論最後需要得出一個答案時，有時你也必須說「NO」。

家人一起討論家裡要買的新沙發花色是要選條紋的還是純白的，如果最終做決定的人是你，那你就得對堅持「要選條紋」的孩子說「NO」。

公司在討論行銷計畫的提案，最後你也可能不得不明說後輩的提案「實際執行可能有困難」。

要對一個人的見解說「NO」的時候，就事先為他找好退路。

因為一個人的意見、想法或點子，大都是從那個人的根本孕生出來的。如果自己的意見被全盤否定了，想必會很不好受。

「條紋沙發不適合家裡現在的風格，不過條紋花色真的很酷呢，下次你自己的東西就選條紋的如何？」

假使這次你無法採納孩子對沙發的意見，在這點上你應該說「NO」，但絕不可以否定他們對條紋的喜好。

「這個行銷計畫這次雖然不採用，不過你的著眼點非常好，下次有其他機會或許可以試試看。」

不是抹殺對方的工作點子，而是幫忙找活用的出路，這麼一來，對方便不至於太沮喪，也能維持對工作的動力。

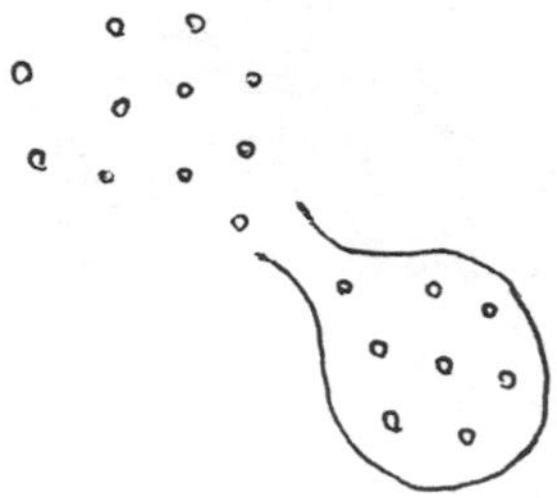

有時當衝突表面化，和某人形成對立，你必須站在強硬的立場明確地說「NO」。譬如說當過錯全在對方，你再生氣也情有可原的時候。

像這種時候，對方大都做好心理準備了。

「我搞砸了這件事，今天會挨罵也是當然的。」

「對方罵得再過火也不能怪誰，誰叫我犯了錯。」

當自己認知自己犯了錯，愧疚得甚至想趴下道歉，這種心情想必你也經驗過吧。這種時候，你就替對方製造退路吧。「沒必要攻擊到那種地步」，由你畫下那條底線，自己抽回攻擊的手。

有句話叫「摘下魔鬼的首級」，但何不索性不取人首級，只是平靜地進行紳士的對話，我覺得這麼做比較有品。

如果動不動就得理不饒人或是咄咄逼人，一定沒有人想和你交朋友。

此外，替對方留條退路，幫對方找到活路，能增加一個看不見的新緣分，這也是不爭的事實。

○要對別人的點子說「NO」的時候，不要全盤否定，而是去幫對方找到一條活用的出路。

○倘若過錯全在對方，這種時候就替對方留一條退路吧。

用眼神傳達

當你無論如何都想認真傳達自己的心情，以言語表示常得不到效果。

身為一個人，不，身為一個生物，如果想傳達「只有這件事，我一定要跟你說清楚」的心情，只能靠眼神來傳達。

我下定決心，重要的事就用眼神來傳達。

當發生糾紛，光靠紳士態度已經不可能解決的時候，說得愈多，話語愈跟不上情緒。於是愈說愈不耐煩，愈說愈激動，如果是男人，弄個不好甚至可能會動起拳頭，大打出手。

所以，這種時候就用眼神來傳達吧。用眼神告訴對方：「我現在的心情是這樣。」

「關於這次的事，我比你以為的要認真看待，你這樣的處理方式，我不能原諒。」

我曾用眼神來傳達這樣的訊息。

「不能原諒」這句話如果說出口，感覺很嚴重，而且再失禮不過，已經超出成人常識的限度。

如果自己的立場和對方的立場在公事上有利害關係，對方或許會感到憤慨，心想「你有什麼資格跟我說這種話？」

如果對象是平常交情很好的朋友或是很關照自己的人，他們會嚇得想「居然說出這麼重的話，這人真可怕」，結果最重要的你真正的決心反而無法傳達出去。

不過如果是用眼神來傳達就不用擔心了。就算是嚴厲的訊息，或是你所有的情緒，全都可以一股腦兒向對方宣洩。

當自己被誤解，或是聽到令自己意外的評語，你也可以用眼神來反駁對方。

「你的態度也太過分了吧？你再誇張一點，我絕不原諒你！」

這是從前的舊事了，我曾用眼神這麼暗示對方，結果那個大我二十幾歲的對象很明顯地感到退怯。雖然雙方都沒把自己的感覺說出口，但是我們以眼神交換了再嚴肅不過的對話。

眼神的力量比言語更強大。所以平常和別人說話的時候，最好也注意一下對方的眼神。

對方眼神的強度和眼睛的印象，會比他所說的話更令人印象深刻。如果從你眼神透露的訊息，和你口頭說出的話語有落差，就算你說得再熱切，對方也什麼都不會接收到。

○我下定決心，真正重要的事就用眼神來表示。
○眼神的力量比言語更強大，平常最好多注意一下別人的眼神。

不談論不在場的人

不說別人壞話，是人際關係的基本條件。

如果有無論如何都想說的話，那就直接去向本人說。當事人不在場時，絕不能說他的不是。

只不過，什麼程度是話家常，什麼程度是中傷別人，要畫出那條界線很不容易。

「對了，那個誰啊——」幾個人一起聊天常會提起一些不在場的人，不過傳聞說著說著加油添醋的結果，最後竟變成了中傷。

你是否也有過這樣的經驗，和某人聊天，結果在聊到了不在場的第三者的話題時，突然擔心起「這算不算是在說人壞話啊，真難說」。

譬如說，A若無其事地問了：

「我上次看到B，他精神很不好。你知道他最近還好嗎？」

然後C回答了：

「不知道，我也好擔心啊。他好像是跟家人出了點問題，其實啊……」

像這種情況，雖然A和C都沒有惡意，但有關B的不好傳聞就這麼不脛而走。

又，如果B知道在自己不在場的時候其他人進行了這樣的對話，一定會覺得很不愉快吧。

照理說，如果是真的擔心對方，就不會做出傷害當事人的行動才對。

有時當別人在說其他人閒話，自己只是在一旁默默聽著。不過，只要你也在場，就等同於你也和他們一起說長道短。

只要看看週刊誌或電視節目就知道，人都有愛聊八卦的毛病。所以我們更要小心警惕不是嗎？

「那個人啊……」我只要聽到別人提起不在場的第三者的名字，就會立刻改變話題。不管對方說的是負面言論，還是稱讚的好話。畢竟如果是好話，對方更應該在當事人在場的時候說才對。

如果對方自然地提起共通的朋友的名字，「○○最近過得怎麼樣啊？」，我一律會回答「我也不清楚」。就算我昨天才見過那個人也會裝作不知情。因為有些事即使你認為是小事，但對當事人而言可能是不想被提及的事情也不一定。

如果是我站在相反的立場，我也會希望對方這麼做。

「其實我昨天和松浦先生見了面……」

要是自己在不知情的情況下被人當作話題談論，就算他們聊的只是無關緊要的小事，我還是會覺得不舒服。

基於同樣的理由，部落格和推特（Twitter）也是需要留心的工具。

因為自己的樂趣而寫下有關自己的事情是無所謂，但是最好要謹慎一點，不要隨便提到別人的事。就算是很親近的對象，就算自己沒有惡意，最好還是別把提及別人的訊息給發布出去。自己一部分的行動被公開給不特定多數的人知道，對方或許會感覺不舒服也說不定。

我兩種工具都沒有使用，但對於部落格和推特這種「有點可怕」的地方，我仍是時有感慨。

○要是言談席間有人聊到不在場的第三者的事，不管是好話還是中傷，都立刻改變話題吧。

○即使是部落格或推特，也要小心不要隨便寫下別人的私事。

不讓對方有所期待

朋友養了一頭非常可愛的狗。

那隻狗非常親人，只要有人上門就會飛奔到玄關迎接，訪客都會摸摸牠的頭。搔搔牠的耳後，輕輕拍打牠的身體。來訪的客人都會逗牠玩，狗兒也很興奮，開心得不得了。

但我卻從不曾摸過牠。就算牠用烏黑的眼瞳一直盯著我，就算牠對我誇張地搖尾巴，我還是不伸出手。朋友和周圍的人對我的舉動都感到納悶。

「松浦是討厭狗嗎？」可能有人會這麼認為。

但老實說，我非常喜歡狗。而且我也覺得那隻狗可愛得不得了。

儘管如此，我還是絕對不摸牠。就連牠的頭也不碰一下。

為什麼？那是因為我沒有每一次上門都能陪狗玩的餘力。

當然，我有空的時候可以陪牠玩。可以摸摸牠，疼愛牠，畢竟這對愛狗的我而言也是樂事一件。

只不過，當碰巧遇上忙碌的日子或匆忙拜訪的時候，我八成就不能陪牠玩了。在朋友家辦完事情，我可能連招呼都無法好好打一聲就得趕著回家去。

但狗兒能懂得這種情況是怎麼一回事嗎？

「啊，上回那個摸我的人來了。他會再陪我玩吧。」狗兒這麼期待著，結果卻被形色匆匆的我給忽視了，這想必會令牠很失望吧。

如果不能一直溫柔地對待牠，那還不如一開始就什麼都不做。

所以我每次都只是看一看那隻可愛的狗。

把人和狗相提並論或許有些失禮，不過我對待工作伙伴和朋友也是同樣的做法。

我不會讓他們先有期待，卻又背叛他們，幹出這種失禮的事。我會小心從一開始就不讓他們有所期待。

舉例來說，我很不喜歡喝酒的聚會。我不會喝酒，也不喜歡和一群人一起狂歡作樂。

但如果我勉強自己配合參加一次，那會怎麼樣呢？

恐怕對第二次的邀約同伴也會有所期待：「他這次也會來吧。」如果我拒絕，就等於背叛了他們的期待。

為了不做出這種事，我從一開始就事先清楚表明「我不會參加喝酒餐敘」，後來也真的一律不參加。

與其事後讓同伴失望，我認為這種做法要好得多。

「你為什麼不能多陪陪我呢？」

「我希望你能再多想一點我的事。」

如果有誰對你說了這種話，那就是你沒有回應對方的期待。問題的癥結是出在你身上。

這並不只局限在男女關係。和同性朋友，和因公事來往的人，也意外常會碰到這種狀況。

溫柔。」
下意識去迎合人的毛病。
就算有些勉強自己，還是想讓眼前的對象開心的善意。
曖昧的態度。
就是你的這些舉動讓對方產生了期待。
對方純粹只是接受了你的好意。如果事後才在說「不要對我有期待」，這只是你的自私，說得嚴厲一點，甚至是一種背叛。
「為什麼一直要求我，我好痛苦」，當你有這種感受時，在埋怨對方之前先試著好好想一想以下的問題吧。「是我讓對方產生了期待。我究竟是哪裡做錯了呢？」

○如果不想讓朋友先有期待，卻又背叛他們，那從一開始就不要讓他們過度期待吧。
○當對方的要求令自己感到痛苦時，就試著設想什麼是你讓對方產生期待的原因吧。

不以弱點當武器

上司和部下。長輩和晚輩。年長者和年幼者。男人和女人。

雖然孰強孰弱並不一定，不過總有一方「地位高」，有一方「地位低」。

利用自己站在優勢地位耀武揚威，強逼對方服從自己，這種事情自不用提，大家都知道這叫「職權騷擾」（Power harassment），是種千萬不可為的可恥行為。

同樣的，利用自己的弱小來達成目的，也是一件絕不能做的行為。特別是當人際關係觸礁的時候，絕不能以自己的弱小當擋箭牌。

不過以弱小當武器的危害，一直很少有人提及。恐怕是因為這是個很敏感的問題吧。

在這裡，我想針對這個問題寫下我的意見。

因為我們每個人都各自懷抱了不同的弱點。而自己的弱點，並不會比其他人的更特別。

自己的痛苦，也並不會比其他人的痛苦更深刻。

弱點和痛苦都不是能和人比較的東西，每個人最終都只能懷抱自己的傷痛。

當然，我們可以想像對方的弱點和痛苦，體貼別人，但若是想將自己的弱點和痛苦強迫別人接受，那就另當別論了。

以弱點當作人際關係的武器，說得嚴厲一點，我認為這是卑鄙小人的手段。

譬如說女性在工作上犯了錯，卻說「我是女人，我比較弱，請放過我吧」，這就是以弱點當武器的行為。

女性的確力氣比較小，和男性相比有許多不方便的點。可是那些錯誤真的是因為「女人的弱點」才發生的嗎？不去檢證這一點就搬出「因為我是女人」這種藉口，在那個當下，那個人已經沒有資格站上工作播台說話了。

還有，年長者和年輕人說話，年輕的一方知識較不足是當然的。但是如果當年長者指責他「你再多用功一點比較好」，年輕人就態度一變說「因為我還年輕，不懂這些事很正常」，把年輕當成武器逃離現場，那會怎麼演變呢？

我想恐怕以後就沒有人想教他們什麼了。把「年輕」這弱點變作武器，也就是放棄努力去彌補自己才學的不足。然後有一天，當青春消逝，年輕不再是「武器」了，到頭來那個人還是什麼都不懂。

聽說，最近以心理疾病當武器的人增加了。

當朋友之間起了衝突要談判的時候，某一方突然打斷談話說：「抱歉，我有憂鬱症，你話不要說得太重。」這種情況你會怎麼看？

這個例子或許極端了一點，但如果把「憂鬱症」換成其他的心理弱點來想，答案或許就呼之欲出了。

「我最近才受過打擊。」

「我才剛失戀。」

「我和家人處得不好。」

「我小時候父母管教我的方式很嚴格。」

當別人要找你溝通，或是有人要指出你的錯誤時，就像這樣搬出心理的弱點當武器對應，這麼一來，對方頓時什麼都不能說了。而兩人的關係也會在那一刻打住。

拿弱點當武器，就無法和其他人建立更深的關係。拿弱點當武器，就是用弱點在自己的周圍築起城牆，把自己關在孤獨裡。

「我好痛苦，對我溫柔一點！」你如此傾訴的對象，或許也懷抱著同樣的弱點，只是對方沒有說出口罷了。如果你被自己的弱點給占據了心神，你就無法當個體貼的人了。

孤獨的城堡一個一個矗立的世界。我想沒有比那更悲哀的地方了吧。

○不要再把弱點當成人際關係的武器了。

○拿弱點當武器，就無法和其他人建立更深刻的關係。

擁有回頭的勇氣

不管是戀人或朋友，和人建立了關係後兩人的距離順利縮小，一般會視為好事。相反地，「保持距離」便經常等同於絕交。雙方的關係不是迎面邁進，就是一刀兩斷，一般認定人際關係就只能二選一。

不過我在某一年學到了，人與人的距離或許是有伸縮性的。

有些時候拉近距離，有些時候保持距離，但也可能再次拉近距離。

在與人逐漸熟悉的過程中，和對方會一點一點貼近，但我不認為兩人距離縮得愈小就是好事。我想和對方保持一定的距離，希望自己永遠是獨立的個體。

從前我有個很親密的朋友，我們很合得來，也能聊些深刻的事，我們的關係可以說就是所謂的「死黨」。

然而，就在往來之間我們的關係出了問題。

我不得已違背了我們的約定，背叛了他的信任。那件事錯全在我。我犯的錯使我們的關係再也不可能修復。

「已經完了，」我當時這麼想，「我們感情那麼好，還以為可以和他當一輩子的朋友，結果就這麼玩完了。」

但當時他這麼對我說：

「讓我們倆回到剛認識的時候吧。」

初相識時還不大親近，還有距離的兩人。但是，還有連繫的兩人。

不是一刀兩斷絕交，他提出了「灰色關係」這個提案，而這解救了我。

如果能退回灰色地帶，搞不好我們還能恢復原來的交情。至少彼此不會「消失」在彼此的人生當中。

以好朋友做為目的地一路走來的兩人要回到原點去。這麼做很需要勇氣。正因為如此，我很感謝賜給我這份勇氣的他。

當然事實上，我們已經回不去初相識時的兩人了。即使回到了出發點，我們恐怕也不可能再一點一滴地建立交情了。

但是只要不絕交，偶然相遇時還是可以打招呼，還能笑著關心對方：「最近還好嗎？」

可以不必把重要的人從朋友名單中抹去。

因為朋友給了我灰色地帶這第三個選擇，使我學會了人際關係是有伸縮性的。

一直到現在，我還是很感激他。

不必等到關係鬧翻，要是你覺得「太近了」，就可以稍微保持一點距離。畢竟你又不是要和對方絕交。

不是只有一味前進才是往前走的方法，偶爾也鼓起勇氣回頭吧。不要撕毀捨棄那張地圖，再走一次來時的路也不錯啊。

○人與人的距離是有伸縮性的。
○如果覺得「太近了」，就稍微保持一點距離吧。

CHAPTER FOUR

4

增進感情這件事

慢慢花時間守護

考慮一年後的事

在人與人的關係中，對話是很重要的事。

對話也就是一對一正面與對方進行真摯的對峙。

一旦沒有了對話，不管是私生活還是公事關係，兩人的緣分可說是快走到了盡頭。

不管雙方關係再親密，或者自認為很了解對方，仍是絕不能省去對話。反過來說，那些「最近處得不大好」的對象，請有意識地去與對方對話吧。

對話固然重要，但並不是能瞬間出現效果的特效藥。

急著得出結果的對話，既不能加深彼此的感情，兩人之間觸礁的關係也不會有所改善。

先進行對話，然後自己以行動來表現給對方看。

在反覆對話的同時，如果不一再地以行動來示範，對方經常無法理解你的意思。必須靠著一再反覆執行這兩個步驟，對方才會有所改變。

與人交往不能去想效率的事，先做好「本來就會很花時間」的心理準備，以沉著的態度來面對吧。

「今天下午，我會花時間好好跟他談，這麼一來，明天很多事都會有結果。」

然而生活並不是在拍連續劇，是不可能進展得這麼順利的。

我並不會想靠一、兩次的對話就說服對方。「在我們互相了解之前，得花上好幾年吧」，我會耐心地做好心理準備才開始。

在處理有關人際關係的問題時，與其去思考今天或明天的事，我覺得不如去設想一年以後的事會比較順利。

「明年也會和這個人繼續交往嗎？」

「為了一年後雙方的交往可以更深入，應該要怎麼做呢？」

「為了一年後著想，我現在應該要以什麼樣的態度接待對方呢？」

藉著這樣的自問自答，那些蜻蜓點水式的人際關係便會逐漸消失。

自此之後，你不再有必要為了相處的融洽去配合別人，也無須為了粉飾一時的衝突而對自己說謊。

只要養成考慮「一年之後」的長遠眼光，就算與問題對象的關係遲遲無法改善，那種焦急的心情也會逐漸緩解。

譬如說，你向某人打招呼，但對方卻不搭理你。你以為是自己誤會了，隔天除了打招呼還多說了一句話，但對方依舊沒有回應。

對方這種露骨的態度持續了兩、三天之後，你會怎麼想呢？

「那個人八成很討厭我，不想和我有瓜葛吧。」

恐怕你會做出這個結論，並因此死心吧。不過在這個時間點，你們兩人的關係也便畫下休止符了。

然而，如果你從容地以「一年後」的角度來思考，就算對方沒有回應，你也能繼續向他打招呼。人無法在一朝一夕間改變，接受這個事實之後，你便有餘力從容地想「一年之後，說不定會有改變」。

只要能從容以待，就算對方繼續無視自己，你還是做得到每天早上道早安。不會早早就放棄了與對方溝通。

至少，不會立刻就斷定「對方這人無視自己」，反而有餘力回頭反省「對方如此否定我，搞不好問題是出在自己身上」。

事實上，我有個已經連續挑戰三年，試圖與對方溝通互動的對象。雖然現在一點進展也沒有，不過以長遠的眼光來看，我想還大有可為。

先考慮一年以後的事，最大的優點或許是自己相信的心不會受傷吧。

◯人與人在互相了解之前，可能得花上好幾年。

◯在處理有關人際關係的問題時，與其去思考今天或明天的事，我覺得不如去設想一年以後的事會比較順利。

感情的規定

沒有告訴別人的必要，也不必特別記在記事本上。

在自己的心中，訂下與感情有關的規定吧。家庭的規定，戀人的規定，夫妻的規定，朋友的規定，工作伙伴的規定。

規定是自己創造，由自己遵守的東西。規定很有用，規定不是死板的東西，是用來珍惜重要情誼的工具。

當一段關係變得「做什麼都可以」就完蛋了。但是當雙方愈來愈親近，陷阱也會增加，相處容易流於隨便。有很多事看似辦得到，卻意外無法做好，因此最好還是訂成規定，小心為上。

第一個規定是保持笑容。

既然是你很親近、經常見面的對象，相處時保持最自然的自己最好。這雖然是一項真理，但「最自然的自己」不該是「板著一張臉」。

每天都會看見的光景雖然沒有必要去刻意美化，但至少應該是看了賞心悅目的畫面。

在對方眼中，你便是每天都會看見的風景。所以，就算是有些悶悶不樂的日子，也要帶著笑容道「早安」，微笑著說「我開動了」。這些事做起來並不困難，但不管是對你或對方，日子都會過得比較開心。

第二個規定是遵守約定。

絕不能讓親近的人成為忙碌和生活中的雜事的犧牲品。你是否嚴守工作上的約會，卻又輕易打破與家人朋友的約定呢？即使是小小的約定也確實履行，這是所

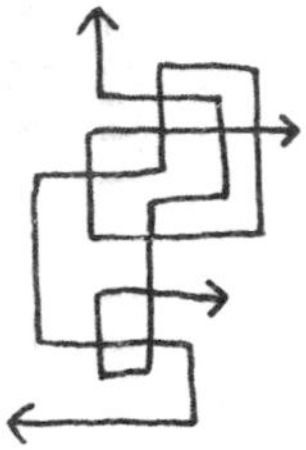

有人際關係的基本禮儀，就算對方是親近的人，你也不能不懂禮貌。

第三個規定是確實道歉。

人基本上是個體，就算有家人朋友仍是獨立的存在。你承擔著你的孤獨，對方承擔著他的孤獨，你守護你的世界，對方守護他的世界而生。

這麼一想，你應該也會注意到「反正我們很熟，他會原諒我吧」這種想法邏輯有些說不通。我們和重要的人有時互相扶持，但要是敷衍地互相放縱，就只是使彼此墮落的依存關係。

如果自己做了壞事，做錯了事，就算對象是孩子也要確實道歉。這也是絕不可忘的規則。

第四個規定是不發牢騷。

有煩惱的時候，如果有個可以坦然示弱的對象是很幸福的一件事。誰都希望有人能為自己打氣。不過你或許原本只是想告訴朋友自己的煩惱，但最後很可能成了在發牢騷，這點千萬要小心。

牢騷不過是對現狀的不滿，欠缺「那該怎麼做？」的視點。光是發牢騷解決不了任何問題。

發牢騷更令人頭痛的是，不管是說話的當事人，還是聽的一方，心情都會變差。絕不可以讓重要的人成了你傾倒負面情緒的廚餘處理機。

要吐露煩惱沒問題，但請止於陳述事實就好。至於該怎麼辦，這得由自己好好思量，可不要失去了這樣的矜持。

第五個規定則是不要怕失敗。

雖然心裡有「我想當這樣的人」的理想，或「應該這麼做比較好」的目標方針，但人際關係是有機物。有生命的東西隨時可能改變形狀，很不穩定，無法完全依照法則進行。

沒有標準答案，每段關係都不一樣。你就盡量去衝撞，做好沉浸在這段關係中的覺悟吧。珍惜自己，而且也試著挑戰看看你對自己以外的人可以付出愛情到什麼程度吧。

與人交往很少可以盡如己願，失敗或起衝突是理所當然的事，但失敗的時候也是一段關係的開始，最好先有這種覺悟。

不管是甜美的汁液還是苦澀的汁液，都要吸得飽飽的，這樣才算充分地品嘗人際關係。

○當一段關係變得「做什麼都可以」就完蛋了。

○與人交往時，就把失敗想是一段關係的開始吧。

就當原原本本的自己

不管什麼時候，都發揮想像力。

「如果我這麼說，他會怎麼想？」搶先一步去考慮對方的心情。

這兩件事對人與人的交往非常重要。停一拍才發言的原則，我覺得最好也要學起來。控制自己，可以說是為了體貼別人的修養。

然而，說到底這只是原則。

無論在何時或何種情況下都遵守原則，並不一定絕對正確。像是和家人在一起的時候，我想偶爾放下原則也不錯。

收回想像力的天線，就當原原本本的自己。

想生氣的時候生氣。

想哭泣的時候哭泣。

不控制自己的感情，不裝酷，不去粉飾太平，就當最真實的自己。

當然，即使是家人也不能做出傷害對方的事，不說也無所謂的話就不必硬是說出口，不過以自己最真實的一面去面對共同生活的對象，對雙方來說都會比較自在。

只不過，如果家裡頭有小孩子，當他們做錯事的時候，你一定得確實指正他們的行為。基本上這種時候仔細挑選用詞，以冷靜的態度告誡他們最好，不過真正要緊的事，有時候不赤裸裸地表現出感情是傳達不出去的。

「我真的很火大！」

有些事情如果不把自己所有的情緒毫不保留地宣洩出來，就無法傳達給對方，這點最好要記住。

至於與家人的相處，以我家為例，因為大家各自活動的時段不大相同，偶爾假

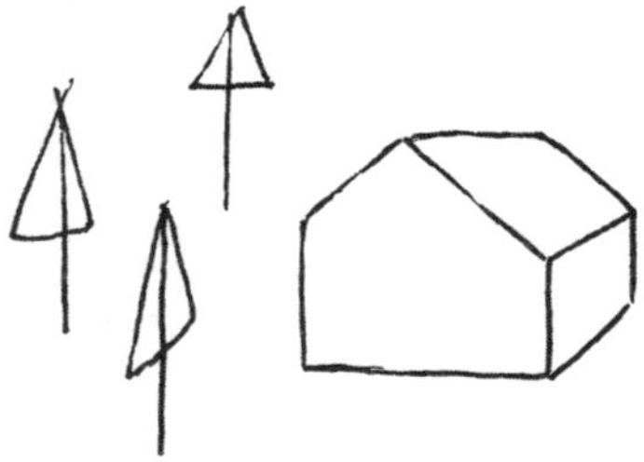

日我也得去工作或去出差，常會遇上無法經常陪伴家人的時候。
像這種時候，我會刻意地去製造接點。
孩子長到某種年齡後，就算放任不管他也能長得很好，但夫妻之間的互相關懷我覺得也很重要。
有時候因為滿腦子都是公事，無力再和對方做深入的交談。不過有些訊息光是彼此待在一起就能有所交流。
所以，如果家人都在廚房或客廳，那你也盡可能待在廚房或客廳吧。不管有多累，都不要躲在自己房間看書。
只要待在附近就可以自然地閒話家常。在這種隨意的對話中，你也可以更了解對方。此外，家人如果想找你談話，這下也不必特地去找你，你在旁邊的話他們就能輕鬆開口：「我有話想跟你說……」
「打擾一下……」買衣服的時候要主動向店裡的人開口有些令人不好意思，但如果店員在恰到好處的時機來到自己身邊，很多事都可以請教對方。同樣地，在家裡也是一樣，人就在身邊的功用很大。

「他看上去有點寂寞」、「他似乎欲言又止的」，當對方給你這種感覺的時候，不必開口，就默默地盡可能待在對方身邊吧。

要不要找你商量是對方的自由，但是你可以用態度來傳達「我隨時都準備好要聽你說」的訊息。

「光是待在同一個空間」，或許就是一種以最真實的自己來和對方溝通的方式吧。

只是拉拉雜雜地聊著天，平穩和緩的真誠的關係。我想這是只有和家人在一起時才能體會到的自在心情。

○在家人面前，想當原原本本的自己。
○光是待在同一個空間，便是一種溝通的方式。

贈予時間

在一些平常的時刻自在地送一些小禮物。

這也是家人之間的一種溝通互動。我在前文也提過這件事。但禮物還有一種類型，那就是贈予對方獨處的時間。

女兒還小的時候，每個星期日我都會帶她到外面吃早餐，這是我家的習慣。我會和女兒兩個人去自家附近的咖啡店或家庭餐廳，和她聊大大小小的事。好奇心正旺盛的女兒注意到很多新發現，有很多話急著想和你分享。

我們會一起去散步，一起去書店，一起悠閒地喝茶。

和全家一起出門的時候不同，這是一對一的溝通。記得女兒還在念小學的時候，我們每星期都會一起度過這樣的時間。

就跟大部分的家庭一樣，在我家平常也是以妻子為中心，形成一個三角形。唯獨在星期日的早晨，這個形狀會有一點不同。

那段時光除了是我和女兒獨處的時間，同時也是我送給妻子的獨處的時間。

我希望她至少能在假日的早上悠閒地休息，不過小孩子大都起得很早，一早就喧鬧不休，我做早餐的時候也會弄出很多聲響，所以我決定不如出門去吃早餐。

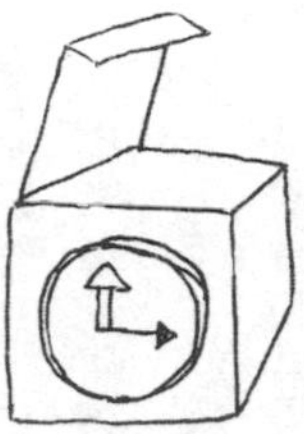

如此一來，妻子可以好好地睡飽覺，可以一個人悠閒地消磨時光，也可以趁著家人不在迅速地整理好家裡。

對我而言，這是和女兒共度的時間。

對女兒而言，這是和父親共度的時間。

對妻子而言，這是獨處的時間。

對全家人而言，這是一份美好的禮物。

○時間是份非常珍貴的東西，所以我想把它送給自己重要的人。

○即使對象是上司、部下或工作伙伴，只要花點腦筋，你也可以送時間給對方當禮物。

不把人逼上絕境

大量使用了香辛料的菜餚很美味，吃了會上癮。

異國香草的香氣，獨特的調味，每次吃到特殊的食物都會受到刺激，「原來世上還有這種味道啊」。

但是每天都要吃的基本三餐，還是吃普通的食物感覺比較自在。剛煮好的白飯和煎蛋，配上細心熬煮高湯的味噌湯；切得薄薄的雜糧麵包塗上蜂蜜，配上牛奶咖啡，像這種平凡的食物。

不夠新奇，但卻依舊美味的食物。或許能夠每天都吃的味道，並不是特殊的口味吧。

與人的關係需要守護、培育，要一直持續下去最重要的一點就是不要過度。

傾注靈魂的衝撞，這樣的關係或許浪漫，但無法長久；分享彼此所有的一切，這樣的情誼聽來美好，但一點也不真實。

有一次我和朋友討論「怎麼做才算是重視與家人的關係？」。那天我突然頓悟，那就是「絕不能把對方逼到得說謊的地步」。

像是雙親對孩子嘮叨個沒完，一下命令孩子做這個，一下做那個。最後孩子明明沒有做，卻謊稱「已經做了」，那便是父母已經把孩子逼到得說謊的地步。

如果是以一般的價值尺度來評斷正確或不正確，那麼命令小孩「去做功課」的雙親是正確的，沒做功課卻謊稱「做了」的小孩是不對的吧。

然而，如果再以更精準的價值尺度來量測，逼得小孩得說謊的雙親就算理由再正當，我想還是算不上正確。

「我是不是逼得太緊了，害他非得說謊。」

首先，我想有回過頭反省自己的必要。

同樣的，丈夫對妻子說謊，或妻子對丈夫說謊的時候，有錯的人也並不只限說謊的那一方。

是不是你把對方逼到非得說謊不可的地步呢？

是不是你用了高壓的訊問方式向對方施壓呢？
不管是期待還是愛情，你是不是向對方提出了過多要求？
「啊，他在說謊吧。」在家中有這種感覺的時候，有時候在責怪對方之前，可以先把手放在胸膛，冷靜地檢討一下自己。不要窮追猛打，適時鬆手，建立這樣的關係。我想對家人而言這是最重要的事。

謊言可分為兩種，一種是為了逃開當下的窘境而說，一種是因為不想說出實情。對方在說謊的時候，大都察覺得出來。不需要直覺特別敏銳，也能感覺得到

「啊，他說謊了」。

但這種時候像名偵探似地挑出話柄，逼問對方說「你在說謊吧」，也沒有意義。「不要再說藉口，給我說出你的真心話」，像這樣苦苦相逼是很殘酷的行為。

就算你窮追猛打，對方也不會說出真心話，你只問得出苦澀痛苦的嘆息。如果把對方逼到了退無可退的懸崖邊，雙方之間最後的連繫可能會應聲斷掉也不一定。

這是很久以前的事了，我和一個朋友合作，一起策動一個大型企畫案。發起人是他，他邀我說「我們一起努力吧」，我被他的熱情感染便加入了。我很感激他願意邀我參加，我發誓一定要全力以赴，以示報答。

然而就在案子開始的一年後，他突然說「要退出」。那時我們已經一起做了很多事，正是準備要大展身手的時刻。我十分吃驚，像是爬到了高處卻被人搬走了自己的梯子，有種受到背叛的感覺。

「我一直以來的努力到底算什麼啊。」

「都到了這種時候才說要退出，我一個人接下來該怎麼辦才好呢。」

各種思緒頓時在心中翻攪。

當然，他也跟我解釋了為什麼要抽手的理由，像是對健康的考量，對工作的不安。然而他的理由我全都無法接受，因為那些問題一直是他長久以來的憂慮，我當下的反應是「現在還提這種事幹嘛」。

「我希望你告訴我真正的理由」，我至少有追問他真相的權利吧。實際上，我確實考慮了一整晚要不要這麼做。

隔天早上，我得出的結論是不要逼他了。

我和他一起想出了很多點子，一同做出許多決定，兩個人都對那個企畫案投注了熱情。但如果要說我是不是百分之百了解他，卻並非如此。

我所認識的「他」，大概只有他的一小部分而已。他還有許多我所不知道的面相，或許他有許多事無法對我說，他有他不方便說明的苦衷吧。

如果我們兩人之間的緣分是靠著那小小的百分之幾的交集而成立，不好好珍惜那些接點不行。同時，也得尊重他那些我所「不知道的部分」。

這麼一想，我能做的也只有接受他的決定，不去追究理由。我只能做到這一點。回覆「我知道了」，果斷地了結這件事。這便是我所能做到的最極限的愛情表現。

至於那時自己所做的決定究竟是對是錯，我現在還不知道。不過如果再發生同樣的事，我想我應該還是會選擇不把對方逼到絕路吧。

○是不是你把對方逼到非得說謊不可的地步呢？

○尊重對方，接受對方的謊言，這也是一種愛情表現。

向別人請益

我一直認為，人一旦不懂裝懂就完蛋了。

或許你自認「我才不會做這種事」，但你是否曾在無意間自以為很清楚家人或親密的人的心情呢？

「夠了，我知道了。」

會打斷對方的話，或許是因為和對方很親近，「自認為很了解」對方，但這不過是傲慢的表現。畢竟就算你和雙方關係再深刻，就算對象只是小孩，也是和你完全不同的一個人。

絕不能不仔細聽完對方的話，便自以為懂得對方的心情。

對方沒說出來的話，就直率地，謙虛地請教對方。這件事再重要不過，請時時刻刻提醒自己。

對於知識，不懂裝懂也是嚴禁的行為。

都已經年紀不小了，卻還一堆事都不知道，這的確令人不好意思。可是就算當場覺得丟臉還是不恥下問，這種做法對日後的自己比較有好處。

現在這時代利用網路可以查到很多事，但那些情報並不能保證一定精確。而且很多情況你了解的其實只是很淺層的知識，並非真正理解。

聽說某間上市公司的大老闆如果遇到不懂的事，一定會確實請教對方：「這件事我不懂，麻煩請告訴我。」

對方具備文化素養，身為傳播各種資訊到世界各地的大企業的大老闆，大家想必都認為他「不可能不知道這種事」。

但是，或許正因為對方有所專精，所以他才無法具備全方位的知識也不一定。

我一直認為真正偉大的人不會是萬事通，真的通曉很多事的人，應該是他心腹的角色才對。

總之，自從聽說這麼了不起的人也認為「對於不知道的事就直說不知道」，我有些安心了，也增強了我的信念：別不懂裝懂，確實請教對方才是上策。

不要用小動作來掩飾無知，真心向你認為「這個人一定很懂這件事」的對象請益。這麼一來，全新的世界便會在你眼前擴展。藉著這些直接向別人學來的知識，你工作的範疇和生活的範圍想必都能大大展開。

成為善於請益的達人，是我的目標。

接受他人的教誨時，我希望能以謙虛的姿態，秉持誠實的心，以幽默，面帶笑容，討人喜歡的態度向別人請益。

像我的例子，每次向別人請益，我都會不斷發問到甚至令對方厭煩的程度。不過在追求知識的時候，我覺得貪心一點是能夠被原諒的事。

受人教導時，要提醒大家注意的是不能只是「一味被教」。「有關這些事，你可以看這本書」，如果對方這麼告訴自己，那務必要去讀那本書。以自己的方式進一步學習，如果有了新發現，便逐一向對方報告。如果可以一併送上回禮那就更好了。

一個熟人曾告訴我一些有關文學研究者角田柳作先生的事情。

角田先生畢業於東京專門學校（日後的早稻田大學）後成為教師，明治四十二年（一九〇九）赴夏威夷執教鞭。四十歲時，他遠赴紐約的哥倫比亞大學求學，日後創設了「日本文化研究所」。

「正因為有這個人的存在，日本的形象才被正確地引介至國外。他被稱為『無名的巨人』，但這麼偉大的人怎麼可以讓他繼續無名呢。」

聽朋友這麼說之後，隔天起我開始熱中地去調查有關角田柳作先生的事蹟。像是唐納德．金（Donald Lawrence Keene）的著作、司馬遼太郎的《街道漫步》等，很多文獻都提及了角田先生，我便自己做了整理。

後來我去向對方報告，「針對上次您向我介紹的角田柳作，我做了一些研究」。除此之外，我還和對方分享了自己習得的知識，「有些資料或許您手頭上沒有，我會將影本寄給您」。

將自己不只是一味受教的心情以行動表示，對方將會教自己更多更深入、更不一樣的事。更重要的是，你的老師也會覺得開心。

別不懂裝懂，當個善於向人請益的人吧。

向人請益，藉此和教導自己的對方建立更深入的關係。
如此的連鎖不管重複多少次都有趣極了。

○別不懂裝懂，以謙虛誠實的態度向人請益很重要。
○這是種可以和教導自己的對方建立更深入的關係的愉快連鎖。

發現「新優點」

眼睛漂亮的人，想必總是被稱讚眼睛漂亮吧。

頭腦很好的人，想必老是被佩服說腦袋很好吧。

這是很自然的，被稱讚幾次都不奇怪。

不過最令自己開心的稱讚，應該是當別人發現了就連自己也不知道的「新的優點」。

出書之後我收到了許多讀者來信，獲得能夠與不特定多數的人交流的機會。有些人在信裡寫下了他們發現的我所不知道的自己的「新優點」。

和平常沒機會結識的人們有了交流的機會，我因而得以窺見自己不一樣的面貌。每當心情有點沮喪的時候，這些來信好幾次都拯救了我的心。

於是，我也希望能讓自己身邊的人窺見不一樣的自己。

我想幫他們找到「新優點」。

一面回信給讀者，我這麼下定了決心。

看到有人沒精神，就去找到他們的「新優點」。

不管是在職場還是家庭中，只要有心絕對找得到。就算只是小事，或是微不足道的事也沒關係。體積雖小但仍閃閃發亮的，可不是只有鑽石。

發現「新優點」之後，我會在大家一起吃飯的時候，一起聊天的場合反覆提起。不管對象是妻女，還是公司員工或工作伙伴，我都會做同樣的事。

有個女孩她提過好幾份企畫書給我，但是始終無法通過。畢竟是公事，我不能因為同情而妥協。雖然她挑戰過好幾次始終無法成功、一臉沮喪的模樣很可憐，但這也是沒辦法的事。

不過，她的確有她的「新優點」。雖然她的企畫總是通不過，不過她的信寫得非常好。可惜本人沒有意識到這一點，一心著眼在自己沒通過的企畫書，於是我在大家面前這麼說：

「因為工作關係，我們經常得寫信，如果關於寫信有不懂的事，可以去請教她。

她雖然年輕，不過她的信寫得非常好，很細心又很有誠意，合作對象常稱讚她的信呢。前陣子客戶也高興地說『收到這麼棒的信，真是謝謝了』。」

即使是更小的事情，也可能是「新的優點」。

有位同仁坐姿很好，於是開會的時候我在大家面前這麼說：

「跟大家借點時間好嗎？現在請看一下A的坐姿。」

隨手拉開椅子、一屁股重重坐下的眾人聽了都嚇了一跳，紛紛看向A。

「這麼說你們可能會覺得我囉嗦，不過如果在電車上重重地一屁股坐下，鄰座的乘客可會嚇得瞪你喔。一旦你出了社會，你最好考慮到周圍的人安靜地坐下。在這一點，A的入座方式就非常好。輕輕地拉開椅子，坐下時不弄出聲響，姿勢真的很優美。希望大家務必能向他看齊。」

不管是信寫得很好的人，還是安靜入座的人，當自己的「新優點」受到眾人注目時，總覺得他們似乎也恢復了一點元氣。

「新優點」總是不起眼。

砰地大聲關上抽屜的人，和靜靜關上抽屜的人，我覺得後者很有魅力，只可惜大多數的人很少注意到這點。

靜靜關上抽屜時小心翼翼的動作，以及對周遭客氣的體貼，由於這些舉動實在是太過自然，結果就連本人或周遭的人都忽略了。

說到這裡，你開始抓到要領了嗎？

想找出「新優點」，最重要的就是要當個安靜的觀察者。就像持續觀察昆蟲的法國昆蟲學家法布爾（Jean Henri Fabre）那樣，細密，低調，並且秉持愛情。

就從身邊的人開始，去找出他們的「新優點」吧。

○去找出身邊的人的「新優點」，讓大家都看見吧。
○想找出「新優點」，你得當個安靜的觀察者。

守護家人

我一直希望當個可以一個人活下去的人。我認為成人的最低條件便是承受孤獨。

所以不管是在生活圈或職場，我並不會想要增加朋友。我覺得朋友應該是因為某件特別的事牽線而偶然結識的。我很少會有擴展人脈，想把所有認識的人都變成朋友的念頭。

即使如此，偶爾還是會遇到得「打入朋友的朋友之間」的情況。

例如，和朋友的朋友的聚會。

和妻子的朋友或是和我的朋友，進行家族和家族的聚會。

以女兒為中心的聚會。親戚的聚會。

這種時候，我不會說「我討厭這種場合，我不想去」之類的話。

做為社交生活的一環，我不會不樂意參加，也會盡可能讓自己玩得開心。但我不會勉強自己融入大家，也不會試圖加深和其他人的關係，而是以「如果能認識好玩的人，這也不錯」的心態，保持平常心。

我覺得在這種集會最重要的是身為「接點」的那個人必須擔任「關照大家的角色」。譬如說，當我朋友一家和我的家人聚在一起，對家人而言，與那些人的接點就是我。去關心家人有沒有不好的感受，是否覺得不自在，有沒有在勉強自己，便是身為接點的我的任務。

「他們是我的朋友，你們一定要好好跟對方相處喔」，我覺得這種心態未免也太蠻橫了。

客人雖然也很重要，但你得優先保護的應該是自己的家人。這是務必要堅守的原則。

同樣的意思，自己的雙親與妻子的接點是我，妻子的雙親與我的接點是妻子。雙方來往的時候，需要視為最優先的應該是自己的家庭——自己打造的家庭。

我和妻子都很留心一件事，那就是絕不一個人回老家。要回老家的時候一定是夫婦同行。女兒偶爾不會跟我們一起去，但「夫婦一起」這個原則絕不會打破。

我不會一個人回老家吃母親做的菜。

妻子不會一個人回老家向娘家發牢騷。

「啊啊，好久沒吃到這麼好吃的東西了，還是老媽做的菜最棒。」

「還是回娘家最輕鬆了，心情好平靜。」

會對自己的父母卸下心防，說出這種話的人或許不少。可是我覺得一旦你離開家，獨立了，就算撕破了嘴也絕不能說出這種話。因為這等於是不把自己的家放在眼裡的行為，是以扭曲的方式逗父母開心。

我決定回老家時一定要兩人同行，也是為了不犯下這種錯誤。

話說回來，這個做法其實並不是我的獨創，我的父母一直都是這麼做的。不管要回哪一方的老家，一定是夫婦同行。我沒有問父母這麼做的理由，但自然地承襲了雙親的習慣。

現在我打電話回老家說：「過陣子回去玩」，母親還是照樣會說：「要兩個人一起回來喔。」

將來女兒結婚了，我也打算對她說：「絕對不可以一個人回家。要到家裡來的時候，就兩個人一起。」

成為接點不是一件容易的事，一不小心就容易過於投入自己的角色，結果常常會冷落了親近的人。

不管是什麼場合，都絕不能犧牲親近的人和家人。好好守護自己的家人，我認為不管對男性、對女性這都是必要的事。

◯絕不能犧牲自己親近的人和家人，請銘記在心。

◯好好守護自己的家人，不管對男性、對女性這都是必要的事。

承蒙招待

和年長者出去吃飯，我很少需要打開錢包。

從二十歲到三十歲出頭的時期，我幾乎都是和比自己年長的人來往，所以總是讓人請吃飯。

一起吃飯的時候，為了幫對方做面子，我會事先說「今天承蒙招待了」。或者幽默一點說：「我把錢包放在家裡了。」總之，態度討人喜歡很重要。毫不客氣，開開心心地受人招待，我覺得這是表示好感的方式，也是一種禮貌。

然後到了現在，和公司或合作的年輕人一起去吃飯時，不管去吃什麼我都會付帳，以做為報恩。

「老是讓您破費。」

如果對方很介意，我就會這麼說：

「我常常讓長輩請吃飯，所以你不用客氣。相反地，你和晚輩一起去吃飯的時候，就盡可能請客吧。」

金錢如果能像這樣循環，人際關係就像有了血液循環，會變得豐饒。當然前提是在自己能力所及的範圍內。

並不僅限於金錢。我受到了長輩很多教導，所以一旦立場相反，有晚輩向我請益的時候，我會毫不藏私地傾囊相授。

沒有企業機密，也不會惺惺作態，只要對方發問我什麼都說。

和對方是年長、年幼無關，說對方樂意聽的話，或許就是讓對方「想再見到你」的祕訣吧。

雖然不知道對方聽到什麼事會開心，但我會將感動自己的事、最近熱中的事，盡可能和對方分享。因為一旦少了施與授，關係就無法延續，我是這麼認為的。

如果一方淨是處在給予的立場，一方淨是處在收受的立場，這樣的關係想必無法長久。

在每天的生活中有很多與人結緣的方法，只可惜很多人似乎無法把握住機會。

希望難得結下的緣分長久延續下去，逐漸加深，需要持續付出的覺悟。至少我是這麼相信的。

讓人請客款待的隔天，我會打電話或寫信道謝，出去旅行的時候也會帶土產做為回禮。「給你請吃飯是理所當然」，我想沒有比這種厚臉皮的態度更失禮的事情了。

然而，這並不只是「將飯錢用土產錢來償還」這麼現實的事情，也是一種以眼睛看得到的東西和眼睛看不見的東西取得平衡的方式。

舉例來說，我會和幾個朋友定期碰面。因為大家年紀差不多，平常是以「這次我請，下次換你請」的方式來結帳。這除了是因為我向來不喜歡平分付帳的方式，也是一種信賴關係的表現。

如果只談錢，平分付帳的確是取得了平衡，但光是這樣並不代表關係也取得了平衡。

由於我給了他一點什麼，他會邀我「下次再見面吧」。我也因為從他那邊得到了什麼，心裡有「希望再見面」的感覺。

情報也好，對方會喜歡的話題也好，也不要忘了準備一點精神上的伴手禮。讓兩人見面的那幾個小時，對方能夠覺得愉快，得到收穫，有所發現。如果雙方都不為對方準備一點「伴手禮」，就無法取得關係的平衡。

和自己見面，對方絕不會有損失。這是讓人際關係更進一步的鐵則不是嗎？建立了這種關係的朋友，雖然偶爾也會有「對不起，今天什麼都沒能準備」的時候，但是你仍能感覺得到「對方想給自己一點什麼，為自己著想」的心意，這也是一種教人開心的伴手禮。

「和這個人在一起，我能變得充實、幸福。」

因為有這種願望，人才會戀愛，想加深彼此的關係。不只限男女之情，如果雙方總是想為對方做點什麼，始終抱著不讓對方吃虧的覺悟持續付出，我覺得這是很美好的事。

如果自己只是一味被榨乾、被剝削，我想沒什麼人會覺得開心，所以希望雙方都能持續為對方付出。

不管是《生活手帖》或「COW BOOKS」的工作，還是自己出版的書籍，我都隨時抱著不讓讀者吃虧的意識。

讀者花了九百圓買下《生活手帖》，一定要讓他得到相應的特別收穫；顧客特地搭電車來到中目黑，走到「COW BOOKS」，絕不能讓他有不值得的感覺；也不能讓讀者有「讀了松浦先生的書，但只是在浪費時間」的感受。

我覺得這是對和自己有關聯的人們的責任感和體貼。

像這麼想，受人款待的時候便能自然留心很多事，感謝之情也會油然而生。同時也希望自己隨著年歲增長，可以當個能夠給人許多東西的人。

○絕不讓對方吃虧，這是讓人際關係更進一步的鐵則。

○希望一段緣分能長久延續下去，逐漸加深關係，需要持續付出的覺悟。

不去要求

「我很寂寞，想跟你在一起。」

就算是男女關係，我覺得這種關係還是很要不得。

希望對方撫平自己的失落，是一種任性，是自我中心的思考模式。無法填滿的心情，希望有人能幫自己填滿，這不過是孩子氣的撒嬌。

要與自己這個人好好地面對面。

看到自己做為一個個體還不夠獨立的部分，不別過眼去，一個人好好活下去。

我覺得要能做到這一點，一個人才能和別人分享，建立關係。

正向的思考方式、溫柔、體貼、學習，要活下去重要的事不能向外尋求。只能自己一個一個去找到種子，並在心裡守護，慢慢地栽培。

「如果哪裡有賣，我就買」，過得太安逸而說出這種話，不去努力；「想要的東西，希望有人能送我」，一味向親近的人要求各種東西。

這種行為未必只有特定的人才做得出來，一不小心誰都有可能犯下。所以一定要小心，經常警惕自己「絕對不可以做出這種事」。

「希望他為我這麼做，希望他照顧自己。」

如果不捨棄要求的心情，就無法和他人建立更深刻的關係，最好做好這個覺悟吧。

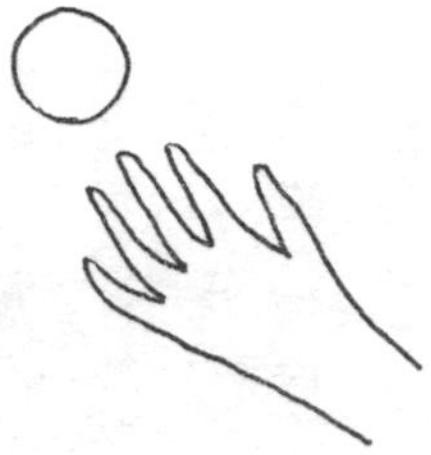

工作的時候，我的角色是發揮領導能力。可是如果大家都跟我要「正確答案」，那就頭痛了。

我來做企畫，我來決定方向性，如果全部都由我來做，那事情就簡單了。可是這麼一來，編輯部成員就不能有所成長，我等於是搶走了他們的工作。如果所有的事情都由一個人來做，組織這東西便不算成立。

所以我總是先提出粗糙的草案，讓大家否定，然後藉此討論出最後的計畫。自己的想法遭到否定，要說受傷的確很傷，不過我覺得比起自己受傷，大家能自己找到「正確答案」才是更重要的事。

相反地，因為提出的是以讓大家否定為前提的草案，如果大家因為「松浦先生都這麼說了，這就是正確答案」而選擇盲從，那就頭痛了。我一直希望自己的員工有不向外尋求，以自己的力量找到答案的能力。

在前文我也提到雙方持續付出是很重要的事，但儘管如此，向自己付出的對象要求太多東西，我覺得也不對。因為自己想要的大多是過剩的。舉個職場關係的例子，身為上司的我對部下付出關愛，一直想要把一身能耐都傳授給他。

可是部下對上司的感情，和上司對部下的感情絕對是不對等的。恐怕部下對我的感覺，並不像我對部下那般在乎。

社會上常聽說，有些上司在聽到部下說「要辭職」的時候會大受打擊。「我們一起討論了那麼多事，也有夢想，為什麼？」想必他們給對方的愈多失望也愈大吧，我想大概就是這麼回事。

錯的人並不是部下，錯的是付出關愛後卻在不知不覺中要求回報的上司。

「我們之間建立了信賴關係」，有這種感覺只是自以為是的想法，不該為此要求對方配合。或者窮追猛打說「我們不是約好了嗎？」，或是指責對方「背叛」，這些都是愚蠢的行為。

如果是男女關係那又另當別論，但是站在付出立場的一方，千萬要銘記在心：絕不能「去要求對方」。

○與孤獨的自己面對面，當你能自立了，你才能和別人建立關係。

○如果不捨棄要求的心情，就無法和他人建立更深刻的關係。

不一廂情願

上飛機之前的時間，我大都是坐著發呆，要不就是在看書。不過那天我在成田機場的商店裡東逛西看。

我去過台灣好幾次了，在當地有位朋友一直都非常關照我。我非常希望向對方表示自己感謝之情，一直想買點禮物送給他。這次又有機會去台灣，我便在機場走過來走過去，尋找有沒有適合的禮物。

苦惱到最後，我決定請店員幫我包起愛馬仕的一個鑰匙圈。附有車子形狀的皮革吊飾的鑰匙圈。上頭沒有任何銀飾，也沒有「愛馬仕」的品牌LOGO，是很樸素的款式。我看中這點才選擇這款。

拿著綁上咖啡色緞帶的橘色小盒子上飛機，三個半小時後就到了台灣。

在台灣停留的時候我和那個人有約，出門時我把裝著鑰匙圈的禮物盒給放進包包。

我和對方很久沒見了，那人仍是一如往常以溫暖的笑容迎接我。我們開心地談話，一起用餐。沉浸在放鬆的自在感覺中，我突然想起了包包裡的禮物。

「這是禮物。」

我大可這麼說，然後把鑰匙圈交給對方。可是看著對方無牽無掛的笑容，我改變了心意。

「想送點東西給對方」，這是不是我的一廂情願呢？

這個人並不期望這種回報，這麼做會不會造成對方的負擔？

把這個人對我付出的溫柔以物品來回報，我不會覺得不自然嗎？

在短短的時間裡，腦中閃過各種思緒。

因為自己一時興起而買下昂貴的禮物，但是對兩人的關係而言，我覺得這似乎是「不恰當的東西」。

結果最後我沒有把東西拿出來，收回行李箱，就這麼回日本去了。

在與人交往的過程中，自己「想做」的事情，有時或許不做比較好。

如果我沒有想得太嚴重，說句「送給你」就把禮物交給對方，我想對方應該會很開心，只不過考慮到我和對方長遠的關係，我還是覺得不交出去比較好。

回到日本後，我寫了一封信給那個人。

你的溫柔和體貼我非常感激，一直很想送點什麼給你，結果一時衝動，在逛了很多間店之後，我選了愛馬仕的鑰匙圈。不過和你見面以後，我覺得還是不交給你比較好，於是就把禮物帶回日本了。

那個人讀了信之後，非常高興。

對方笑著說：「居然買這麼貴的東西，真是傻瓜」，還說：「不過你的心意我很高興」。都帶在身上了卻選擇不交給自己的顧慮，如此認真地替自己著想——對方表示很感動。

雖然沒有把禮物交出去，但我的感謝之情仍是傳達給對方了。

這件事讓我再次體會到，不應該把自己的目的「送禮」視為優先。「為了討論〇〇，我去見你」，就算出門前抱著某個目的，但見到對方的當下突然決定不說了，我想也沒有關係。

那個鑰匙圈我不方便自己用，當然也不能轉送給別人，於是我讓它留在盒子裡，現在還擺在房間裡。

偶爾瞥見時，我總是不禁心想：考慮別人的心情是一件困難的事，但也是件非常美好的事呢。

○雖然沒把禮物交出去，感謝之情仍能傳達給對方。

○思考與人的關係，考慮別人的心情固然困難，但也是一件美好的事。

默默守護

愈是喜歡對方，就愈想干涉對方的事。

懷抱的感情愈深，就愈想為對方做點什麼。

「我很珍惜地看待你。」

傳達這份心意是很重要的事。待在對方身邊，實際幫上對方，是人際關係裡不可或缺的要素之一。

然而千萬不可以忘了，這只是以自己的心情為優先的一種愛情表現。

「想為你做點事」，也就是決定「去做」自己想像中「這麼做比較好」的事。但是對方真的希望你做的事，就算雙方關係再親密，你也無法百分之百知悉。

有時候，默默守護對方就好。

我覺得這或許也是一種深刻的愛情表現。

稍微保持一點距離，不插嘴，也不出手干預，但是真心地守護對方。

你能為對方做的事，就是不管對方出了什麼事，都當他的朋友，當他的家人，當他的戀人，就只是這樣。

光是做到這一點，在某些時刻和場合，可說是一種最極致的愛情表現。

我自己最感激的一點，就是我的合作對象和我的妻子總是默默地守護我。

「讓你擔心了很對不起，可是我現在沒辦法好好說明，我的心神都放在其他事情上，沒辦法顧及你。」

在我沒有餘力顧及他們的時候，他們也不會干預我，這不知為我帶來多大的安慰。

但是不干預，不代表是丟下對方不管，也並非不關心。正因為有人用心地靜靜守護自己，我覺得自己才能堅持下去。

那種感情或許和親情很相似。隨著感情加深，雙親信任自己的孩子，能夠不作聲地靜靜守護。

對自己的孩子自不用說，我希望也能對自己身邊重要的人們，懷抱著靜靜守望的愛情。我總是這麼期許自己。

Labor and to wait.

我在《嶄新的理所當然》一書也曾提過這句話，這是我很喜歡的一句諺語，意思是「播種，然後等待」。

人際關係也是一種播種等待的行為。

要加深與人的羈絆很花時間。無論如何都需要等待的時間。

「根長出來了嗎？芽發了嗎？」才撒下種子就翻開土來看，那只會毀了植物。等到總算發芽，要開始照顧那小小的綠意，但不管再有愛，如果水澆得太多，植物就會腐爛；如果不去照顧，置之不理，又會枯死。

要學會要澆多少水才是適度的水量。
要懂得播種的時機，澆水的時機。
更重要的是，要知道等待的時間的重要性。
與人交往，就像每天在照顧小小的種子。
我只能說，沒有著急的必要。
因為你是森林裡的一棵樹，是一顆受到許多人的愛情灌溉而慢慢茁壯的小小種子。

○有時默默地守護對方，也是一種深刻的愛情表現。
○**Labor and to wait.** 人際關係也是一種需要播種等待的行為。

後記——讓一切變得更圓融的魔法咒語

我經常在文章中提到，我很重視寫信這件事。

不管是什麼性質的信件我常使用一句話，「一直以來多謝你了」。

在信件的開頭寫下「一直以來多謝你了」，然後才表明旨意和道謝。

或是先寫下季節的問候和目的，然後以「一直以來多謝你了」這句話作結。

不管是對合作伙伴或家人，我都經常會說「謝謝」。當然，並不只是因為這句話很好用。

工作表現得這麼好，真謝謝你。當我的家人，真謝謝你。

最後則是為了這個人存在於這世上，並且進入自己的世界表示感謝，我說「謝謝」。

謝謝是句魔法咒語，不管是碰到糾紛、互相傷害、雙方情緒激動的場合，都具有圓滑地包容一切的力量。

「謝謝」這句感謝的話語自然而然地經常浮上心頭，如果可能的話，我希望每天都能過這樣的生活。

人際關係裡經常伴隨著錯誤和苦惱。其實常常會碰到教人傷心、生氣、「根本說不出謝謝兩個字！」的事件。

然而，最近我常常覺得：煩惱、傷心、憤怒和思考也就是在學習如何活著。人際關係給了我們很多思考的機會，是人生最棒的學校。比任何優秀的學校或圖書館都能讓你學到更多，使你有所成長。

從這個角度來思考，就算與人相處時遇到了一些不好的經驗，但是對那些你因此學到的事情，我想總有一天你也能說得出「謝謝」這句話。

我也和你一樣，希望能繼續過著人生中充滿「謝謝」的生活。

讀完這本書，真是謝謝你。

松浦彌太郎

謝謝你

作　　者　松浦彌太郎
譯　　者　張富玲
責任編輯　林如峰
國際版權　吳玲緯　蔡傳宜
行　　銷　闕志勳　吳宇軒　余一霞
業　　務　李再星　李振東　陳美燕
主　　編　林怡君
編輯總監　劉麗真
事業群總經理　謝至平
發 行 人　何飛鵬
出　　版　麥田出版
115台北市南港區昆陽街16號4樓
電話：(02) 2-2500-0888　傳真：(02) 2500-1951　網站：http://www.ryefield.com.tw
發　　行　英屬蓋曼群島商家庭傳媒股份有限公司城邦分公司
115台北市南港區昆陽街16號8樓
網址：http://www.cite.com.tw
客服專線：(02)2500-7718、(02)2500-7719
24小時傳真專線：(02)2500-1990、(02)2500-1991
服務時間：週一至週五09:30-12:00；13:30-17:00
劃撥帳號：19863813　戶名：書虫股份有限公司
讀者服務信箱：services@city.my
香港發行所　城邦(香港)出版集團有限公司
香港九龍土瓜灣土瓜灣道86號順聯工業大廈6樓A室
電話：+852-2508-6231　傳真：+852-2578-9337　E-mail：hkcite@biznetvigator.com
馬新發行所　城邦(馬新)出版集團【Cite(M) Sdn. Bhd.(458372U)】
41-3, Jalan Radin Anum, Bandar Baru Sri Petaling, 57000 Kuala Lumpur, Malaysia.
電話：+603-9056-3833　傳真：+603-9057-6622　E-mail：services@cite.my
封面設計　許晉維
印　　刷　漾格科技股份有限公司
初版一刷　2011年10月
二版一刷　2019年6月
二版七刷　2024年8月

定　　價　新台幣260元

I S B N　978-986-344-659-0　Printed in Taiwan
本書若有缺頁、破損、裝訂錯誤，請寄回更換。

國家圖書館出版品預行編目資料
謝謝你／松浦彌太郎作；張富玲譯. 一二版
. 一臺北市；麥田出版；家庭傳媒城邦分公
司發行，2019.06
面；　公分
譯自：あなたにありがとう。
ISBN 978-986-344-659-0(平裝)
1.修身 2.生活指導
192.1　　108005339

ANATA NI ARIGATÔ

First published in 2010 in Japan by PHP Institute, Inc.
Traditional Chinese translation rights arranged with PHP Institute, Inc.
through Japan Foreign-Rights Centre/ Bardon-Chinese Media Agency